KB053616

심리학자가 　　　사랑을

기억하는 또

이고은

사랑과 기억에 관한
가장 과학적인 탐구

심리학자가　　　**사랑을**

기억하는 법

아몬드

당신의 마음이 곧 내 마음과 같기를.

사랑을 기억한다는 것

예전에 누군가가 SNS에 '애가 너무 어릴 때는 좋은 곳에 힘들게 데리고 다닐 필요 없다. 어차피 기억도 못 한다. 애들은 두고 어른들이나 편하게 여행 다녀라'는 말을 남겨 여러 사람에게 비난을 산 일이 있었다.

어떤 의미로 한 말인지는 알겠으나 조금 더 따뜻하게, 오해의 소지가 없도록 표현할 수는 없었을까. 예를 들면 '아이에게 신경 쓰느라 놓치고 살았던 어른의 추억도 챙기라'거나 '아이의 행복만큼 어른의 행복도 중요하다'는 식으로 에둘러 말했더라면 좋았을 텐데. 그런 생각을 하던 사이 분위기가 심상치 않게 흘러갔다. 사람들이 약속이라도 한 듯 화를 냈고 화는 들불처럼 번졌다. '절대 아니다, 기억 다 난다. 그때 먹은 음식 맛도 기억나고 호텔 벽지 문양까지도 다 기억한다'며 강하게 반발했다. 누군가는 겨우 목을 가누고 호텔 침대에 앉아 있는 아기 사진을, 또 다른 사람은 바다를 등지고 아빠에게 안겨 있는 꼬마 사진을 들이밀며 이토록 행복한 기억을 어떻게 잊겠냐고, 또렷하게 기억난다고 주장하기도 했다.

그 애틋한 마음에 찬물을 끼얹은 것 같아 애석하지만 '유아기 기억상실증(infantile amnesia)'이라는 것이 실제로 있다. 심리학에서는 만 5세 무렵까지 인생 초기 몇 년 동안에는 우리가 흔히 기억이라 부르는 '기억'이

존재하지 않을 수밖에 없다고 설명한다.

　이는 기억의 속성과 관련이 있다. 기억, 특히 언어화할 수 있는 기억은 의미기억(semantic memory)과 일화기억(episodic memory)의 상호작용을 통해 비로소 그 형태가 갖추어진다. 의미기억은 일반적인 지식에 관한 기억을 말한다. 예컨대 '심리학', '책', '연인' 같은 단어의 의미가 무엇인지 배우고 익혀 기억하는 것을 의미기억이라 한다. 일화기억은 과거의 사건이나 경험을 시간 순서나 기승전결에 맞게 기억하는 것을 일컫는다. 따라서 우리가 아주 어린 시절 갔던 여행을 '기억한다'고 말하려면 그 당시에 '여행', '숙소', '장소' 같은 단어의 의미를 알고 있어야 하고 그때의 경험을 시간 순으로 혹은 기승전결에 맞게 설명할 수도 있어야 한다. 이 두 가지 조건이 충족되지 않기 때문에 유아기 기억을 '기억'이라 부르기 어려운 것이다.

그렇다면 우리는 언제부터 '기억'이란 걸 할 수 있을까. 의미기억과 일화기억이 동반되어야만 온전한 기억이라고 설명하는 심리학자들은 그 시기를 '말을 글로 옮길 수 있거나 문장을 읽고 이해할 만한 인지능력이 생겼을 때'로 본다. 개인차는 조금씩 있겠지만 적어도 만 6세에서 7세는 되어야 이러한 인지능력을 발휘할 수 있기 때문에, 그 이후에 생긴 기억이 비로소 온전한 기억이라 보는 것이다.

이쯤 되면 질문이 생길 수밖에 없다. 앞서 사람들이 사진을 증거로 내밀며 '기억한다'고 주장하는 것은 거짓일까. 그들은 무엇을 기억한다고 말하는 걸까.

사람들이 말하는 기억은 '기억'이라기보다 '상상'에 더 가깝다. 우리에게는 그때를 사실에 가깝게 상상하도록 도와주는 정보가 아주 많다. 사진도 있고 부모님을 비롯한 주변 사람이 들려준 이야기도 있다. 그때 생긴 신체적 흔적이 증거가 될 수도 있고 어렴풋한 정서와 불완전한 감각도 뇌 한구석에 남아 있을 수 있다. 좀 더 자라 어린이가 되어 떠난 여행에서 느낀 감정과 생각도 섞인다. 이야기를 만들어 재구성하기에 충분한 단서와 암시, 재료 들이 넉넉히 있는 것이다.

그럼에도 사람들이 기억한다고 주장하는 그 마음을 환상일 뿐이라며 비난하지는 않았으면 한다. 그저 상상이라기에는 기억이라 부를 만한 자료가 충분하다. 그때를 떠올리면 아련하게나마 따뜻한 감정도 일렁인다. 그 귀한 자료와 애틋한 감정을 '기억'으로 부르지 못할 이유가 있을까. 이때 '기억한다'는 '그 경험이 나에게 아주 소중하다'는 의미로 해석하는 편이 옳다.

사람들이 화를 내고 반발했던 이유는 단순히 자신의 기억력을 부정당해서가 아니다. 내가 사랑받았다는 사실을, 누군가 나를 위해 애쓴 흔적을, 그토록 행복한 경험을 '소용없다'는 말로 짓밟혔다 느꼈기 때문이다. 그래서 불쾌감을 드러낸 것이다.

어쩌면 내 기억이 사실에 가까운지 아닌지는 중요한 문제가 아닐지도 모른다. 그보다 내게 좋은 경험과 기억을 남겨주려 노력한, 나를 사랑한 사람의 마음을 아는 것이 훨씬 더 중요했던 것 아닐까. 그래서 심지어는 "너 엄마 뱃속에 있을 때 거기 가봤어"라는 말조차 좋아서 어쩔 줄을 몰라 한다. 우리는 사랑하고 사랑받고 있음을 '기억'을 통해 확인하며 사는 존재다. 기억은, 특히 사랑에 대한 기억은 우리가 스스로 소중한 존재임을 깨닫게 하는 인지적 기제다. 그러므로 사랑은 인간에게 꼭 있어야 하는, 생존에 필수적인 마음의 기능이다.

사랑에 관한 책을 만들어보자는 제안을 받고 고심하던 때에 나는 뜻밖에도 SNS에서 관심을 끌었던 이 사건이 문득 떠올랐다. 그 많던(?) 전 남친들과 만든 추억도 아니고 사람이 사랑에 빠졌을 때 반응하는 뇌 영역에 관한 연구 결과들도 아닌, 사랑을 기억하려는 우리의 마음을 거듭 생각하며 긴 시간을 보냈다.

나는 '사랑이란 무엇인가' 같은 근사한 화두를 던지거나 사랑에 관한 심도 있는 철학을 소개할 만한 실력도 주제도 못 된다. 다만 내가 간직하며 사는 소박한 기억을 나누고, 실험과 연구를 통해 알게 된 관계의 진심을 소개하고, 삶을 지탱해주는 것이 다름 아닌 사랑의 기억임을 떠올렸으면 하는 마음으로 이 책을 썼다.

우리가 의식하는 모든 기억은 사실과 상상의 혼합물이다. 기억은 과거를 재구성해 간직하는 일이고 그렇게 마음에 품은 기억으로 내일을 살아갈 힘을 얻는다. 우리는 내가 소중한 존재임을 체감했던 순간들, 즉 사랑하고 사랑받은 자전적 기억들로 살아 있음을 새삼 깨닫는다. 그 기억에는 나를 사랑해준 사람들, 내가 사랑받은 사건들, 내가 사랑했던 많은 대상들이 포함되어 있다. 그러므로 우리는 내 사랑을 어떻게 기억할 것인지 거듭해 되뇌지 않을 수 없다. 우리는 사랑으로 기억을 채우며 산다. 사랑은 인간이 세상을 살게 하는 가장 적응적인 마음이자 방법이다.

이 책에 등장하는 사람들을 비롯해 내 귀한 기억의 주인공들에게 끝없이 고마운 마음을 전한다. 이 책을 읽게 된 당신이 책장을 넘기다 어느 문장에선가 사랑하고 사랑받았던 소중한 순간을, 살면서 간직한 값진 사랑의 기억을 문득 떠올려볼 수 있기를 빈다.

차례

1장

나의 전 남친들에게 ～～～～～～～～～

조언은 힘이 세다

전 남친 D는 아주 유능하고 단정하고 기억력도 꽤 좋은 사람이었다. 약속을 칼같이 지키는 태도는 내가 꼽는 그의 가장 큰 장점이었다. 그런데 그와의 대화는 그 장점들을 무색하게 만들기 일쑤였다. 그의 정교하고 철저한 성격에 자주 숨이 막혔고 내가 이 사람에게 공감받지 못한다고 느낀 적도 많았다. 마치 혼나는 기분이 들기도 했는데 이를테면 이런 식이다.

"다음 학기가 너무 막막해. 잘 할 수 있겠지?"

"얼마나 준비를 했는가에 따라 달라지겠지. 막막하다는 건 기대치만 지나치게 높은 탓이야. 너는 그게 문제야."

"그 친구가 승진했대. 열심히 일하는 사람인데 정말 잘 됐지, 진짜 기뻐."

"직원이 몇 명 없는 회사에서 승진이 무슨 의미가 있어? 연봉 차이는 있을까? 네가 생각하는 열심히 일한다는 것의 기준은 뭐야? 승진에 어떤 영향을 미친다고 생각해? 이런 합리적인 생각은 중요해."

아니, 나 지금 혹시 직장 상사랑 대화하는 중인가? 아니면 이 사람 전생에 내 아버지였던 건 아닐까? 내가 만약에 그때 죽었다면 사인은 '환장사'였을 것이다.

그뿐만이 아니었다. 언제 내 논문에 있는 비문을 찾아 달라고 했나, 내 말에 오류가 있는지 짚어달라고 했

나, 물어본 적도 없고 부탁한 적도 없지만 참으로 야무
지게 조언해줬다. 내가 다른 사람과 대화할 때 한 번씩
'되묻기'를 해 긍정을 유도하는 경향이 있다며 지적받
은 적도 있다. 자칫 듣는 이로 하여금 희망적 사고 편향
(wishful thinking bias)에 빠지게 할 수 있다나 뭐라나. 냉
철함을 유지하라는 마지막 멘트까지 참 알차게 날리던
그. 새삼 일깨워주어 무척 고맙긴 한데 심리학은 내가
전공했단 걸 잊은 게 아닐까.

　그에게 메시지를 보내 의논하거나 마음 상한 일을
하소연하기라도 하면, 꽤 괜찮은 문제 해결 방안을 알
려주기도 하지만 다른 조언들도 꼭 따라왔다. 이를테
면, 두괄식으로 이야기하는 것이 더 효과적이라든지 사
소한 오탈자는 내용과 무관하게 신뢰를 무너뜨리는 약
점이 된다든지 하는 식이다. 이러다간 내가 헤어지자는
마지막 메시지를 보내도 문장에 비문이 있다며 짚어주

는 건 아닐까 하는 생각까지 들었다. 나는 지금 연애가 아니라 혹시 멘토링 프로그램에 참가 중인가, 자못 헷 갈리는 나날들이었다.

'아니 그냥, 논문 내느라 애 많이 썼겠다, 열심히 일 하느라 고생이 많다, 그렇게 말해주면 혹시 어딘가에 뿔이 나니?'

그때는 왜 그 말을 못 하고 혼자 속으로 미움만 키 웠는지 모르겠다. 아버지가 식탁에서 한국인의 식습관 과 GDP 성장률의 상관관계에 관한 일장 연설을 시작 하시면 붙잡아둔 입맛도 달아나 숟가락을 놓게 된다던 친구가 있었다. 친구의 아버지는 중학교 교장 선생님으 로 얼마 전 정년퇴임을 하셨다고 얼핏 들었다. 왜 D를 생각하는데 이 친구의 아버지 이야기가 떠오르는지 알 겠지만, 또 모르겠다.

✧

조언은 힘이 세다. 그런데 그 힘은 조언을 받는 사람이 아니라 하는 사람에게 발휘된다. 고양감이 올라가고 자존감이 높아지는 쪽은 조언을 받는 사람이 아니라 하는 사람이다. 조언의 내용이나 조언을 받는 당사자의 반응과는 크게 상관이 없다.

누군가에게 조언을 하면 일단 내가 뭐라도 된 듯한 느낌을 받게 된다. 조언을 통해 내가 다른 사람에게 영향력을 행사하는 사람이 된 것 같다는 생각이 들고 내가 가진 경험과 정보, 심지어는 느낌까지 제법 그럴듯하고 대단한 것처럼 착각하게 된다는 것이다.

미국 펜실베이니아대학교의 로렌 에스크레이스-윈클러(Lauren Eskreis-Winkler) 박사 연구팀은 저축에 어려움을 겪고 있는 사람들을 대상으로 실험을 진행했다.

비슷한 어려움을 겪는 사람에게는 조언을 하게 했고 금융 전문가에게는 조언을 받게 했다. 그 결과 실험 참가자 중 72퍼센트가 조언을 받는 쪽보다 해주는 편이 훨씬 더 큰 동기부여가 되었고 자신감을 얻었다고 답했다.

또한 연구팀은 분노조절 문제를 겪는 사람들에게도 같은 방법으로 실험을 진행했다. 그 결과 실험 참가자의 77퍼센트가 자신처럼 분노조절 문제를 겪는 사람에게 조언을 하는 쪽이 정신건강 전문가에게 조언을 받는 것보다 심리적으로 훨씬 더 도움이 되었고 의욕이 생겼다고 밝혔다.

조언을 듣는 것보다 하는 편이 훨씬 더 동기부여가 된다는 점은 매우 흥미롭다. 누군가에게 조언해줌으로써 얻는 마음이 내 문제를 해결하는 데 도움이 된다는 건, 우리가 맞서는 수많은 문제와 이에 따른 실패가 단

순히 지식의 결핍, 정보의 부족 때문만은 아니라는 뜻
이다.

힘에 겨운 우리에게는 어쩌면 자신감이나 동기, 의
욕 같은 심리적인 역량이 더 필요했을 수도 있다. '그럴
수도 있지', '나도 그렇더라', '잘 했네' 같은 말을 덮어
놓고 듣고 싶은 건 그래서 당연한지도 모른다. 조언을
통해 진짜 얻고 싶었던 건 '위로' 아니었을까.

✧

만족스러운 관계를 오래도록 유지하는 커플들에게
는 공통적으로 '사소한 것까지 의논하는' 특성이 있다.
상대에게 조언하면서 내가 그에게 언제나 필요한 사람
이라는 확신을 얻고, 조언을 구하면서는 혼자가 아니라
는 든든함을 느낀다. 때로는 일부러 조언을 구해 상대

의 자존심을 세워주기도 하고, 나를 믿고 조언을 구하는 상대를 배려해 그가 듣고 싶어 하는 이야기를 기꺼이 해준다.

누군가에게 내 마음을 기대는 것만큼 누군가가 내게 마음을 의탁하는 것도 힘이 되는 일이라서, 우리는 관계를 맺고 함께 살아간다.

누구보다 연인에게 인정받고 싶어 했던 사람에게 나도 지나치게 야박했다. 성의를 알아보고 동의를 표하고 솔직한 마음을 내어줬다면 우리의 대화는 바뀌고 발전하지 않았을까. 지나침 못지않게 결핍도 나쁜 경우는 많아서 무작정 대화를 회피하는 것이 능사가 아니었음을 그가 내 곁에 없고서야 알았다.

냉장고에서 치즈를 한 장 꺼내고 와인을 잔에 따르는데, 와인이 건강에 이롭다는 상식이 얼마나 편향되고 왜곡된 정보인지 조언해주던 그의 목소리가 들리는 것 같아 피식 웃었다. 그래서 한 잔에서 멈추기로 한다. 내 사랑은 이렇게 또 마음에 남는다.

세심한 거짓말

출장이 잦고 늘 일이 바쁜 B와 연애한 지 1년 정도 지
나자 같이 있는 것보다 떨어져 지내는 시간이 더 편해
졌다. 서로에게 적응해 익숙해지는 건 연애 스타일만은
아니었다. 속마음을 감추는 기술도 늘어 싫으면서 좋은
티를, 좋으면서 아쉬운 티를 노련하게 내보이곤 했다.

　"이번엔 출장을 멀리 가네? 얼마나 다녀와요?"

　"3주쯤 걸릴 것 같아."

길게 못 봐 아쉽다고 말했지만 내심 좋기도 했다. 보고 싶을 테니 되도록 빨리 오라는 말도 했다. 내 말에 그 사람이 안도하며 웃었다. 혹여 '이번엔 가지 말까?'라고 할까 봐 살짝 긴장했던 건 여전히 몰랐으면 좋겠다.

오늘은 야근이라 퇴근이 늦겠다는 남편의 전화를 받고 "힘들겠다. 저녁 잘 챙겨 먹고 일해요"라며 전화를 끊고선 "오예~!" 하고 좋아하던 친구가 기억난다. 예전 같았으면 이런 친구의 반응을 의아해했을 텐데 지금은 이해되고도 남는다.

오래전엔 이런 일도 있었다. 남친에게 한번쯤은 직접 요리를 해보이고 싶었다. 요리에 당최 소질이라곤 없었으면서 이상한 자신감이 있었던 것 같다. 식상한 메뉴는 싫다며 무슨 퓨전요리 비스므리한 걸 했으니.

당시 남자 친구는 감탄까지는 아니었지만 분명 '맛있다!'고 했다. 그래서 나는 정말 맛있는 줄로만 믿었다. 그러고 얼마 뒤, 본가에서 같은 요리를 자신 있게 내놓았다. 한 입 먹어보고는 오만상을 짓던 오빠에게 "남자 친구는 맛있다며 다 먹더라"고 했더니 다른 말없이 남자 친구한테 정말 잘해주라고만 했다.

◇

상대방이 기뻐할 만한 말을 적절히 하는 것만으로도 이미 먹고 들어가는 점수가 많아서, 우리는 온갖 가식적인 말을 서슴없이 하면서 산다. 멋있다고 대단하다고 동공을 키워가며 말하고, 세상에서 제일 예쁘다는 말을 콧구멍 벌름거리며 해준다. 당연히 듣는 사람도 거짓말인 걸 알지만 그 정도도 할 줄 모르는 사람과는 사귀고 싶지 않다. 물론 이 인간이 무슨 잘못을 저질러 이런 밑밥을 깔고 난리인가 싶을 때도 있지만 딱히 밉진 않다.

연인끼리 나누는 거짓말은 소통과 섬세함의 영역이다. 상대가 듣고 싶어 하는 말을 건네고 적당히 부풀려 꾸민 말들을 주고받는 건 관계를 잘 유지하도록 돕는 '기름칠'과 같다. 악의적인 기만행위가 아니라면 상대가 기뻐하게끔 말하려는 정성은 언제나 필요하다. 관계를 이루는 소통의 중심에는 '내 마음'이 아닌 '네 마음'이 있어야 한다. 우리는 말 때문에 사랑하고 말 때문에 죽어라고 싸우는 존재들이기 때문이다.

진실에서 약간 비껴난 가식적인 말을 그럴듯하게 하는 데에는 아주 다양한 능력이 필요하다. 상대와 내가 각각 어떤 정보를 가지고 있는지 알아야 하고, 그 정보값 중 같은 것과 다른 것은 무엇인지 가늠할 수 있어야 하며, 거짓말을 했을 때 따라올 손익을 계산한 후 상대가 믿게끔 그럴듯한 이야기를 만들어내야 한다. 상당히 높은 수준의 인지능력이 필요한 것이다. 이토록 어렵고 높은 수준의 능력임에도 인간은 별다른 학습이나 훈련 없이 알맞은 때에 적당한 곳에서 이 '기만 능력'을 꽤 잘 발휘한다. 진화심리학에서는 인간이 갖춘 기만 능력이 생존에 꽤나 유리한 형질이었을 것으로 간주한다.

✧

연인끼리 나누는 대화에는 숱한 거짓말과 과장된 표현이 특히 많이 포함되어 있다. 상대방에게 더 좋은 사람으로 보이고 싶어서, 불안해하는 마음을 안심시키기 위해, 때로는 더 깊은 관계로 발전시키기 위한 수단으로도 가식적인 말을 서슴지 않는다.

그런데 성별에 따라 연인 간에 주고받는 과장된 말의 내용이 각각 다르다는 연구 결과가 있다. 미국의 심리학자 모린 오설리번(Maureen O'Sullivan) 박사는 사랑에 빠진 연인들이 서로 어떤 거짓말을 많이 주고받는지 분석했다. 연구 결과를 보면 남성은 주로 자신의 경제적 능력을 부풀리는 거짓말을 많이 한다고 대답했다. 결혼이나 장래 계획 같은 이야기를 할 때 가장 허풍이 심하고, 이미지가 실추될 만한 모습이나 밝히고 싶지 않은 과거도 대충 얼버무려 넘어갔다.

"뭐해?"라고 물으면 온종일 씻지도 않고 게임만 하고 있어 놓고 정돈된 상태에서 독서하는 척을 자주 했고, 자기계발에 힘쓰는 사람인 척 꾸며댔다. 당장 내일의 계획은커녕 대책도 없이 살지만, 잠재력이 충분하며 미래가 밝은 사람이라고 허세를 떨었다

여성의 거짓말은 양상이 달랐다. 연인과 성관계 뒤 상대의 성적 능력을 과장되게 좋다고 표현했다. 남자친구가 본인의 얼굴이나 몸매를 어떻게 생각하는지 물

어볼 때도 거짓말을 했고, 얼마나 매력적이며 지적인지 묻는 질문에도 꾸며서 말했다. 여성이 하는 거짓말의 대부분은 상대가 바라고 원하는 말이었다.

남성은 나는 믿을 만한 사람이며 당신이 마음을 기댈 수 있을 만큼 미래가 밝다는 것을 드러내기 위해 거짓말을 하고, 여성은 사랑하는 사람이 자신감을 유지하고 자존감에 상처받지 않게 해주기 위해 거짓말을 한다. 남성은 우리가 장기적인 관계를 갖길 바란다는 신호를 보내기 위해 허풍을 떨고, 여성은 애틋한 사랑의 감정을 지속시키기 위해 거짓말을 한다. 우리가 나누는 온갖 가식적인 말에는 과거를 아름답게 포장하고픈 마음과 미래를 희망차게 바라보고픈 심정이 오롯이 담겨 있는 것이다.

✧

　가식의 끝판왕을 뽑자면 우리 뇌만큼 가식 그 자체인 것도 없다. 가식과 과장이 섞인 말을 계속 반복하다 보면 어느새 그 말의 진실 여부는 중요하지 않게 된다. 뇌는 반복된 정보를 더는 의심하지 않고 '참'으로 받아들인다.

　우리 뇌는 끊임없이 거짓 신호를 보내 과거를 내 입맛에 맞게 적극적으로 조작한다. 우리의 가장 자연스럽고 탁월한 가식은, 경험을 합리화하고 자기 자신을 과대평가하는 일이다. 우리가 거짓말을 가장 많이 하고 또 가장 많이 속는 대상은 다름 아닌 나 자신이다.

　어떤 의미에서 진실은 아예 존재하지 않을지도 모르겠다. '우리 마음에는 다양한 거짓과 가식이 있다'는 것만이 진실이지 않을까. 듣기 좋은 말을 할 줄 아는 샤람은 상대의 욕구를 기민하게 읽고 그것에 반응할 줄 아는 사람이다. 또 그와 내가 마음속에 서로 다른 진실을 품을 수 있음을 이해하는 사람이다. 관계를 이롭게 하기 위해 제대로 말하려면 상대의 욕구를 민감하게 알아채야 한다. 그렇다면 결국 마음속에 상대의 생각이 흘러가는 과정을 담는 능력, 그 세심함이야말로 사랑 아닐까.

아주 매정하지도, 아주 뜨겁지도 않게

H는 내게 고백하려고 먼 길을 왔던 사람이다. 사실은 오래전부터 좋아했지만 용기가 없었다고. 더 이상 미루다 고백조차 못 하면 평생 후회할 것 같았다고. 떨리는 목소리로 말하는 그를 앞에 두고 내가 이런 고백을 받아도 될 만큼 인생을 잘 살아온 걸까 싶었다. 공기가 달큰했던 깊은 봄, 5월의 오후였다.

좋은 곳, 유명한 장소, 맛있다는 데에 부지런히 함께

다녔다. 극장에서 같이 영화를 볼 때도 길을 걸을 때도 이 사람은 꼭 손을 잡고 있으려 했고 나도 그런 그가 싫지 않았다.

"이렇게 비벼지지 않은 상태의 밥은 비빔밥이 아니라 '비빌 밥'이라는 거 알아요?"

"먹을 사람이 비벼야 하니까, 곧 비빌 밥이란 뜻이구나!"

비빔밥을 비벼야 할 때면 아직도 한 번씩 이 사람이 해준 이야기가 생각나곤 한다. 불행인지 다행인지 나는 비빔밥을 별로 좋아하지 않아 찾아 먹진 않는다.

어느 날엔 내가 도착할 기차 시간을 잘못 알아 길이 엇갈린 적이 있었다. 대합실에서 한참을 기다려도 이 사람이 보이지 않아 다시 플랫폼으로 내려가 보았더니 다급한 목소리로 어디 있냐며 전화가 왔다. 승객들이 다 내린 기차에 올라타 나를 찾아도 없어서 너무 놀랐다고 여전히 숨을 헐떡이며 말했다. 안 그래도 하얀 얼굴이 더 창백해져 있었다.

"전화부터 하지 그랬어요. 뭐 하러 플랫폼까지 마중을 나와요."

이 사람은 매순간 내게 최선을 다했다. 몇 개월의 시간이 흘러 언제부턴가 그렇게 애쓰며 노력하는 것들이 모두 싫어졌다. 내가 무슨 이야기를 하더라도 다 이해한다는 식의 반응을 보였는데 그럴 때면 나를 얼마나 안다고 이러는 걸까 싶어 기분이 나빴다. 그런 싸늘한 마음을 품기 시작해서였는지 나는 매사에 마음이 사나웠다. 이 사람의 좋은 의도를 알면서도 걸핏하면 나쁘게 해석했고, 진지한 어른처럼 구는 부자연스러운 모습도 괜히 미웠다.

결국은 어느 날, 나는 이 사람에게 메시지로 이별을 통보했다. 다급히 걸려오는 전화를 받지 않으려다 받고

는 당신과 만나는 일이 행복하지 않다고, 그게 가장 큰
이유라고 했다. 그때껏 나는 적어도 못된 사람으로 살
지는 않았던 것 같은데 내게 언제나 최선을 다했던 사
람에게 세상 제일 못된 사람이 됐다. 그게 끝이었다.

✧

한편, 지금 이 사람을 놓치면 내가 평생 후회하지
않을까 싶어 먼 길을 떠난 날도 있었다. 처음 만난 날,
마음 깊이 숨겨놓은 어느 시 한 행을 혼잣말로 읊조렸
는데 그다음 행을 정확히 읊어내던 놀라운 사람이었다.
자기 일에 열심인 모습도 좋았고, 꾸준하고 많은 독서
량도 마음에 들었다. 이렇게 말이 잘 통하고 마음이 맞
는데 무얼 더 바라겠나 싶었다. 이 사람도 내 마음과 다
르지 않을 거라 굳게 믿었다.

좋아한다고. 그래서 당신을 보러 용기 내어 왔다고. 나는 설레는 가슴으로 말했다. 그런데 이 사람은 예상과 다르게 당황하는 기색이 역력했다. 나 혼자 북 치고 장구 치고, 만리장성 쌓았다는 걸 멍청하게 그제야 알았다. 얼굴에 귀까지 빨개진 그 사람이 한 말은 "저도 고은 씨가 좋아요"가 아니라 "저는 다른 일정이 있어 이만 가보겠습니다"였다.

돌아갈 길이 너무 막막했던 그날, 터벅터벅 기차역 화장실에 들어가 '대차게 까인다는 말이 바로 이런 거구나' 생각했다. "얼굴은 왜 네가 빨개져?"라며 낮은 목소리로 삐죽거리고 있는데 손목의 스마트 워치가 심박수가 너무 높다며 경고하는 알림을 보내왔다. 터지는 울음을 간신히 참았다.

❖

인간의 기억력이 지금보다 훨씬 좋다면 아마 인간
은 지금보다 수명이 더 짧지 않을까. 적당히 갖고, 적절
히 잊고, 마음에 들게끔 편집할 수 있는 인간의 기억은
우리를 생존케 하는 유능한 인지적 기제다. 기억은 온
전히 주관적이므로 믿을 것이 못 되지만 어쩌면 그렇
기 때문에 또한 믿을 만한 것이 되기도 한다.

사랑에 대한 기억이라고 해서 몽땅 다 애틋하기만
할 리가 있을까. 어느 기억은 아프고 힘들고 따뜻함과
는 거리가 멀어도 한참 멀 수도 있고, 또 어떤 기억은
여태 무안해 꺼내놓기 민망하고 싫을 수도 있다. 하지
만 우리가 이런 안 좋았던 경험조차 잘 기억하는 이유
는 비슷한 상황이 오더라도 대처할 수 있도록, 또다시
아프지 않도록, 앞으로는 쉽게 넘어지지 않도록 하는

데에 있다. 심리학은 이를 '학습(learning)'이라 부른다.

가끔은 내 의지와 상관없이, 관심인지 폭력인지 구분할 줄 모르는 사람을, 배려인지 결례인지 판단 못하는 사람을 만난다. 이런 경험은 상처와 아픔도 주지만 그로 인해 관계에 남다른 안목과 혜안을 주기도 한다. 상처가 됐던 경험과 불쾌한 기억이 훗날 내게는 다르게 쓸모가 되어 주기도 하는, 우리는 그런 역량 또한 지닌 존재다.

기억은 과거의 경험을 서랍 속에 넣어 보관하기 위해서만이 아니라 새롭게 처리해 미래에 유용하게 쓰기 위해 존재한다. 걸어온 길을 되돌아보기 위해서 기억하는 것 같지만 실은 가고자 하는 곳을 내다보기 위해 기억하는 것이다.

지나온 사랑의 기억이 아직 미안하기도 하고 여태 민망하기도 하다. 나도 누군가에게는 세상 나쁜 인간이

되기도 한다는 걸, 내게 헌신적이던 사람에게 더 좋은

이별을 할 수는 없었을까, 돌이키고 싶은 마음과 자주

마주한다. 그러다가 아무리 끌리는 사람을 만나도 김칫

국을 사발로 들이키는 일은 앞으로 하지 말 것을, 그럼

에도 그렇게 용기 내어 고백해본 경험은 내가 봐도 놀

라운 일임을 자꾸 되뇐다. 내가 가진 이런 경험들이 기

억 저편으로 사라질 무렵이면 누군가에게 아주 매정하

지도, 아주 뜨겁지도 않게 적당한 온도로 마음을 건넬

수 있으리라 믿는다. 어떤 형태로든 그 기억이 나에게

그리고 당신께도 '사랑의 쓸모'가 되어준다면 후회는

없겠다.

　헤어지고 싶다는 메시지에 전화를 걸었던 그의 다

급한 목소리를 아직 기억한다. 그것도 자존심이라고 끝

내 울음을 참았던 기차 안 풍경도 내겐 아프도록 생생

하다. 다만 바람이 있다면, 당신을 향한 그 느닷없는 고

백과 함께 읊은 시 한 행이 버거운 일상에 이따금 떠올려볼 따뜻한 기억 한 조각이었으면 한다. 지금도 플랫폼에서 재회하는 연인을 볼 때면 나를 찾던 그 놀란 눈이 떠올라 여태 마음이 따뜻해오듯 그렇게.

성격과 사랑의 상관관계

~~~~~~~~~~~~~~~~~~~~~

M에게 자주 듣던 말은 우습게도 "어디 아파? 아픈 거
아니지?"였다. 그는 전형적인 외향형 인간이라 연락하
면 열에 아홉은 밖이라고 했다. 낯선 길과 처음 가보는
식당을 흥미로워했으며 문자로 전해도 될 말을 굳이
통화로 하는 걸 좋아했다.

그에 반해 슈퍼 울트라 초 집순이에다 적극적 내향
형 인간인 나는, 금요일 저녁에 퇴근해 현관문을 닫으

면 월요일 아침 출근하면서야 비로소 여는 사람이다. 어쩌다 외출할 일이 있으면 처리해야 할 볼일을 한꺼번에 모두 해결하는 편이고 통화보다는 문자가 한결 마음이 편하다.

주말이면 어딜 꼭 나가야 하는 그는, 주말에 당연히 집에 있으려는 나를 이해하지 못했다. 그는 아프지도 않은데 왜 집에만 있으려 하냐고 했고, 나는 특별한 일도 없는데 어째서 꼭 외출을 해야 하는지 모르겠다고 응수했다.

둘이 대화를 하면 그는 언제나 말하거나 묻는 쪽이었고 나는 듣거나 대답하는 사람이었다. 물론 질문해놓고 내 대답이 다 끝나기 전에 기신이 간편 기를 나빌린 후 다음 질문으로 넘어가 버리기 일쑤였지만, 딱히 궁금해서 묻는다기보다 내가 듣고 있는지 확인하는 절차 같아서 그의 스타일이 크게 불쾌하거나 불편하지 않았다. 나는 그런 그의 모습이 꽤 흥미로웠으니까.

그래서인지 자주 M을 유심히 관찰하곤 했는데, 그는 말을 할 때 대체로 긍정적인 감정을 나타내는 표현을 (굉장히) 많이 사용했다. 우리가 갔던 식당은 인테리어가 "너무 훌륭했고" 사장님이 "엄청 친절하셔서 정말 기뻤고" 우리는 "몹시 탁월한" 선택을 했다는 식이다. 그래서 오늘 우리의 만남도 "감동 그 자체"라고 말하는 사람이었다.

나는 그에게 "그렇지 않아? 좋지 않아? 마음에 안 들어?"라는 되물음을 수시로 하게 하는 답답한 상대였고 좋아서 깡충거리지 않아 자주 섭섭하게 만들었는데, 나로서는 언제나 오버하는 그가 아슬아슬하고 불안해 보였고 진중치 못한 면모가 못내 아쉬웠다.

연애를 하던 당시에도 헤어진 지금도 그 사람의 어떤 면이 좋았는지, 또 어떤 점이 힘들었는지 꼬집어 말하기는 어렵다. 사이가 좋을 땐 그의 모든 것이 좋다가 사이가 나쁠 땐 사소한 자극도 버거워지는 것이 연애니까. 그의 성격 때문에 그를 좋아했으나 그와 헤어진 이유가 바로 딱 그 성격 탓이기도 하니까. 논리나 이성으로는 설명할 수 없는 불가해한 관계가 바로 연인 관계니까.

❖

성격 차이가 연인 관계에 미치는 영향에 관한 연구를 종합해보면, 사람들은 나와 유사한 성향의 사람에게 더 큰 매력을 느낀다고 한다. 물론 다른 성향의 상대를 선호하는 경우도 있는데, 비교적 나이가 어릴수록 비슷한 성격보다는 다른 성격의 소유자를 좋아하는 경향이 컸다.

흥미로운 점은 성격이 매력적인지 아닌지를 판가름하는 기준이 바로 '내 성격'이라는 것이다. 즉 내가 싫어하는 내 성격의 어떤 특성이 상대에게 보이면 성격이 마음에 들지 않는다고 판단했고, 내가 좋아하는 내 성격이 상대에게 보이면 그의 성격이 마음에 든다고 느꼈다. 또 내가 평소에 그런 성격이었으면 하고 바라던 특성을 가지고 있으면 상대의 성격을 만족스러워했고, 상대방에게 내가 고치고 싶어 하는 성격 특성이 보이면 상대의 성격에 불만을 느꼈다. 우리는 상대의 성격을 있는 그대로 존중한다기보다 순전히 내 기준에서 평가하고 판단하는 것이다.

예전에 연애 중인 성인 남녀를 대상으로 관계의 만족도를 높이는 조건이 무엇인지 조사한 적이 있다. 연인 관계의 만족도를 높이는 조건은 여러 가지였는데 그중 상대의 '성격'이라고 응답한 사람의 비율이 높았다. 그런데 재미있게도 상대의 성격이 '나와 비슷해서' 관계가 만족스럽다는 응답과 '나와 달라서' 좋다는 응답의 비율이 비슷했다. 한 사람이 두 가지 조건(나와 비슷해서, 나와 달라서)을 모두 말한 경우도 많았다.

결국 연인과의 관계 만족도가 높을수록 상대의 성격을 마음에 들어 하는데, 그 성격은 나와 닮았건 닮지 않았건 별로 상관이 없다는 뜻이다. 한마디로 상대방의 성격과 성향을 좋아할수록 관계 만족도가 높다는 의미로 해석할 수 있다.

◇

기혼 성인 2만 3000명을 대상으로 연구한 결과에 따르면, 성격 유사성이 부부 생활 만족도에 기여한 정도는 0.5퍼센트 남짓인 것으로 나타났다. 성격이 비슷

해서 느낄 수 있는 동질감은 좋은 관계를 유지하는 데
큰 역할을 하지 않으며, 관계의 만족도를 가늠하는 유
용한 척도가 될 수 없다는 의미다.

부부가 이혼할 때도, 행복했던 연인이 헤어질 때도
'성격 차이'를 이유로 든다. 여기서 소위 '성격 차이'는
정말 성격의 차이점, 유사하지 않은 다른 점을 의미할
까. 꼭 그렇지는 않은 듯하다. 헤어진 이유가 모호하거
나 복합적인 상황에서 '성격 차이'는 이별의 이유를 두
루뭉술하게 퉁칠 수 있는 적절한 핑계이자 명분이 되
어준다.

앞서의 연구 결과를 바탕으로 유추해보자면, 성격
이 나와 비슷하든 다르든 상대의 성격이나 성향이 싫
다면 서로 사이가 나빠질 수밖에 없다. 상대방이 싫어
지면 성격이 나와 비슷하든 아니든 그냥 다 마음에 안
들게 마련이니까.

✧

　헤어지던 순간에도 나는 감정을 겉으로 많이 표출
하지 않았다. 그런 순간에서조차 나는 의연한 사람이고
싶어서 담백하게 대답하고 돌아섰다. 하지만 사실 꽤
긴 시간 힘들어서 혼자 많이 울었다. 우리 사이가 "정
말 훌륭한 만남"이길 원했던 그에게, 내가 "세상에서
가장 소중한 사람"이라는 표현을 아낌없이 해준 그 사
람에게, 나는 냉철하다 못해 얼음장 같은 뒷모습을 보
였다. 그에겐 아마 내가 별로 아파하지 않는 것처럼 보
였을 텐데 마지막까지 그러는 내 모습이 끝내 상처가
됐겠구나, 이제야 미안하다.

　이다음에 혹시 M처럼 외향적인 사람을 사랑하게
된다면, 쉬는 날에 나를 밖으로 불러내 굳이 사람 많은
곳으로 끌고 다니더라도 "울트라 캡숑 짱 행복하다"고

말할 수 있는 사람이 되어 보려 한다. 어쩌면 숨기지 못하는 내 어색하고 피곤한 목소리를 섬세하게 읽어내지 않을까. 우리가 서로 사랑한다면.

유머 스타일이 관계에 미치는 영향

"원하는 것 하나 줄 테니 뭐하고 바꿀래?" 하고 자비로운 신이 물으시면 고달픈 인생 자처하게 만드는 새가슴 가져가시고 유머 감각 한 움큼 크게 주시라 빌겠다. 높은 지능, 좋은 관계, 대담함, 융통성, 여유와 공감 능력, 그런 것들 말고 유머 감각이면 충분하다 말씀드릴 거다. 이 좋은 것들이 이미 있어서가 아니라 이것들을 하나로 뭉친 것이 곧 '유머 감각'과 같아서다.

　유머가 관계의 신뢰와 안정을 보장하는 만능열쇠 같다는 생각을 자주 한다. 유머러스한 사람을 싫어하는 사람은 없다. 내가 누군가와 유머를 주고받을 수 있다는 건 긍정적인 자극과 반응이 오간다는 의미인데, 이는 믿음과 끈끈한 관계가 전제되어야 가능한 일이다. 게다가 유머는 관계를 더 끈끈하게 만드는 일을 돕는다. 끈끈한 관계와 유머는 서로 선순환하는 것이다.

◇

　캐나다 심리학자 로드 마틴(Rod A. Martin) 교수는 우리가 발휘하는 유머를 스타일별로 분류했다. 그는 사용하는 목적이 어디에 있는지, 나 자신을 위해서인지 타인을 위해서인지, 유머가 결과적으로 유익한지 오히려 해가 됐는지에 따라 유머를 네 가지 범주로 나눴다.

'자기고양적 유머'를 사용하는 사람은 부정적인 감정과는 거리가 있어 보이고 모든 상황에서 즐거움을 찾을 줄 안다. 이들은 현실 감각을 잃지 않으면서도 힘든 마음을 최소화하기 위한 방편으로 유머를 사용한다. 또 '불행 중 다행'을 직관적으로 파악해 자칫 상처로 남을 수도 있을 일을 '웃을 일'로 만들어낸다. 자기고양적 유머 스타일을 구사하는 사람 곁에 있으면 은은하게 행복하고 괜히 편안하다.

자기고양적 유머가 긍정적인 자아에서 비롯된다면 '관계적 유머'의 중심은 타인과의 관계에 있다. 관계적 유머 스타일을 구사하는 사람의 모토는 '네가 웃으면 나도 좋아'다. 상대방을 즐겁게 해주고 분위기를 어색하지 않게 유지할 줄 알기 때문에 관계는 자연스럽게 돈독해진다. 관계적 유머 스타일을 사용하는 사람은 재미있는 이야기, 재치 있는 농담, 익살맞은 장난으로 긴장을 줄인다. 덕분에 상대는 위험한 상황이나 위험한 사람이 아니라는 안도감을 느낀다. 그래서인지 '자상하고 유머러스한 사람'은 언제나 선호하는 파트너의 조건 중 상위권에 있다. '자기고양적 유머'에 건강한 마음과 지적 능력이 필요하다면 '관계적 유머'에는 자상함과 배려심이 요구된다.

그런데 유머라고 다 즐거운 웃음만 유발하는 건 아니다. 누군가의 유머 때문에 웃기는커녕 오히려 상처받은 경험, 한 번쯤 해봤을 것이다. 지금 그걸 농담이라고 내뱉는 건지 의문이 들거나 그게 재밌냐고 되묻고 싶은 순간, 상대방 반응이나 분위기는 아랑곳없이 불편한 유머를 꿋꿋하게 남발하는 것은 '공격적 유머'를 쓰는 경우다.

'공격적 유머'를 즐기는 사람은 상대방이 무안해 해도 자신은 진심으로 재밌어하는데 그 이유는 스스로의

지성과 재치가 돋보인다고 착각하기 때문이다. 이들은 상대가 내 유머를 받아들이지 않는다는 것도 모르고 남을 조롱하거나 빈정거리는 등 부정적인 유머 기술을 구사해 분위기를 싸하게 만든다. 이들 주변에 사람이 남아나지 않는 것은 어찌 보면 당연하다. 공격적 유머 스타일을 사용하는 사람은 상대가 싫어하면 절대로 농담일 수 없다는 지당한 사실을 모른다. 누군가에게 상처를 주지 않고서는 농담을 할 수 없다면 차라리 재미없는 사람이 되는 편이 낫지 않을까.

자신을 아프게 하며 다른 사람을 웃게 하는 유머 스타일도 있는데 '자멸적 유머'가 그렇다. 이는 자신을 지나치게 비하함으로써 상대를 즐겁게 해주고 인정을 얻으려 애쓰는 유머 기술이다. 자멸적 유머를 구사하는 사람은 크게 내키지 않아도 몸 개그를 일삼고 자신의 흑역사를 소재 삼아 스스로 유치해지는 것을 마다하지 않는다. 자신을 웃음거리로 만들어 조롱이나 멸시를 자처해도 상대와 주변이 웃으면 그것으로 족하다는 마음이다. 어떤 사람은 자기 안에 있는 우울감, 낮은 자존감, 불안감 등 부정적인 감정을 감추려는 도구로 자멸적 유머를 사용하기도 한다.

성인 남녀 903명을 대상으로 네 가지 유머 스타일이 대인 관계에 미치는 영향을 살펴본 국내 연구에 따르면, 예상대로 '자기고양적 유머'와 '관계적 유머'는 대인 관계의 만족도를 높이지만 '공격적 유머'와 '자멸적 유머'는 관계에 부정적인 영향을 미치는 것으로 나타났다.

✧

전 남친 Y와 썸을 타던 어느 날, 서먹하고 어색한 분위기를 없애보고자 내가 유머랍시고 어릴 적 이야기를 꺼낸 적이 있었다. 어느 날 엄마가 "눈에 넣어도 안 아플 내 새끼"라면서 나를 쓰다듬어 주시는데 갑자기 눈을 동그랗게 뜨고선 "엄마, 사람을 왜 눈에 넣어요? 어떻게 넣어요? 들어가요?"라고 했단다. 여섯 살이었다. 초등학교 1학년 때, 달리기에서 1등을 놓쳐 학원에 와서까지 시무룩해져 있던 나에게 학원 선생님께서 "고은아, 내일은 내일의 태양이 떠오르잖아. 오늘 못한 건 잊어버려도 돼"라고 하시는데 내가 "선생님, 태양은 하나예요. 내일 해도 오늘 해랑 똑같은 거예요. 지구가 자전해서 그래요"라며 내가 아주 정색을 했다는 이야기도 들려줬다.

그런데 이 사람, 내 이야기를 듣고 그냥 키득거리거나 어릴 때 귀여웠다는 말 정도를 할 줄 알았는데 "고은 씨는 타고난 이과형 인간이네요"라는 게 아닌가. 그날로 썸 관계를 청산하고 사귀기로 했다. "안 그래도 엄마가 어릴 때부터 이과에 가라는 말씀 자주 하셨어요"
라며 같이 웃었다. 이 사람이랑 있으면 항상 재밌을 것
같다는 생각이 들었다. 나와 Y는 쿵짝이 꽤 잘 맞았다.

그렇게 몇 개월이 흘러, Y에게 병원에 입원할 일이
생겼다. 나는 걱정이 가득한 얼굴로 조심스레 "어느 병
원으로 갈 거야? 정했어?"라고 했는데 이 사람, 너무
천연덕스럽게도 "환자복이 제일 예쁜 곳으로 가려고"
란다. "아 왜, 그냥 예쁜 원장님 계신 병원에 가겠다고
하지!"라며 핀잔을 줬지만, 별것 아니니 걱정하지 말라
는 말보다 훨씬 고마운, 잊히지 않는 자기고양적 유머
그리고 더 엄밀히는 나를 배려한 관계적 유머였다.

함께 웃는 것이 좋아서 연인이었던 우리는 함께 웃
을 일이 더 이상 없어지자 자연스레 관계가 끝났다. 그
가 자주 건넸던 "고은 씨는 참 재밌는 사람이에요"라거
나 "너랑 있으면 재밌어"라는 말이, 좋아한다거나 사랑

한다는 말처럼 듣기 좋았다. 이젠 헤어져 영영 보지 못하는 사이가 되었어도 함께 깔깔거리던 웃음소리가 귓가에 어스름 남아 있다. 가끔 힘들 때는 그가 해준 농담이 떠올라 더러 웃기도 한다.

그러고 보니 언젠가 '카스테라에 우유 한 모금 같은 사람'이 되고 싶다며 고백해오던 사람이 있었는데 내가 거기다 대고 "아, 저는 우유 마시면 설사해요"라고 했었네. 이것은 과연 공격적 유머인가, 자멸적 유머인가. 그것이 뭐가 됐든 이제는 그대도 나처럼 그냥 웃었으면.

2장

심리학자의 사랑 실험실 ~~~~~~~~~~~~~~~~~~~~~

사랑을 시작할 때

~~~~~~~~~~~~~~~~~~~~

옛날에 선비가 어느 기녀를 사랑했다. 사랑에 빠진 선
비는 기녀에게 청혼했고 기녀는 선비에게 한 가지 제
안을 했다.

"매일 밤 우리 집 마당에 있는 의자에 앉아 밤을 지
새워주세요. 정확히 백일의 밤을 지새우면 당신의 아내
가 될게요."

제안을 흔쾌히 받아들인 선비는 하루도 빠짐없이

기녀의 집 마당에서 밤을 새웠다. 그렇게 99일 동안 밤을 꼬박 새웠고, 마침내 기녀와 혼인하기까지 단 하룻밤만 남은 상황이었다. 그러나 백일이 되던 날 어떻게 된 영문인지 선비는 홀연히 떠나버렸다. 백일 밤이나 다를 게 없는 99일 밤 동안 정성을 쏟아놓고 어째서 이렇다 저렇다 한마디 말도 없이 떠나버렸을까? 무엇이 선비로 하여금 사랑을 포기하게 만들었을까? 설마 처음부터 기녀를 사랑하지도 않으면서 사랑하는 척했던 건 아닐까?

✧

몇 해 전의 일이다. 강의가 끝나고 강의실을 나서는데 한 학생이 내게 조심스레 다가와 이렇게 물었다.

"마시멜로 테스트처럼요, 이 사람이 어떤 사람인지

예측해볼 수 있는 테스트가 없을까요? 믿을 만한 사람인지, 의지력은 얼마나 있는지, 미래가 괜찮을지 테스트를 통해서라도 좀 알고 싶어요."

학생은 연애를 시작한 지 얼마 되지 않았고 아직 남자 친구가 어떤 사람인지 잘 모르겠다고 했다. 확신을 갖고 싶은데 아직은 불안하다는 뜻이겠지. 만난 세월이 짧으니 더더욱 '얘 괜찮을까' 싶어 걱정될 테고. 눈으로는 그 불안한 마음, 이해한다는 신호를 보내며 말했다.

"그러지 말고 그냥 믿어줘. 사랑하기로 했으면 사랑해줘. 자기를 못 믿고 테스트한 줄 알면 남친이 기분 나빠하지 않을까?"

너무 선생 역할에 충실한 대답이긴 했지만, 학생은 무언가 깨달은 것처럼 고개를 끄덕였다. 얼굴이 한결 밝아진 것 같았다. 사귀다 아니다 싶으면 멈춰도 되고 헤어져도 된다. 그러므로 과감히 시작해보아도 괜찮은 것이 연애다.

좋기만 한 것이 사랑은 아니라서 사랑하기 전에는 의심과 불안이, 사랑할 때는 두려움과 막연함이 마음을 비집고 들어온다. 사랑이 끝날 땐 비난과 자책을 덤으로 끌어안는다. 사랑은 행복뿐 아니라 불편감도 만만치 않게 준다. 특히 연애를 시작하면서 드는 여러 가지 걱정은 불확실한 미래가 주는 불안에서 기인한다.

✧

미네소타대학교 마크 스나이더(Mark Snyder) 교수는 20대 초반의 미혼 남녀를 대상으로 실험을 진행했다. 실험 참가자들을 한 명씩 방에 들어가게 한 다음 이성과 전화 통화를 하며 친해져야 한다고 주문했는데, 남성 참가자들에게만 순조로운 대화를 돕기 위해 통화를 나눌 여성의 사진을 제공해주겠다고 했다. 이때 남성 참가자들을 두 그룹으로 나누어 한 그룹에게는 매우 호감도가 높은, 소위 매력적인 여성 사진을 제공했으며 또 다른 그룹에게는 평범한 여성의 사진을 제공했다. 반면 여성 참가자들에게는 아무것도 제공하지 않았다. 그리고 상대 남성에게 사진을 제공했다는 사실을 모르게 했다. 모두 공평하게 10분간 통화하도록 했고 통화 내용은 전부 녹음했다.

통화를 마친 뒤 남성 참가자들에게 실험에 참가한 여성의 녹음된 통화 목소리를 차례로 들려주면서 '명랑함, 다정함, 친밀함, 섹시함, 사교성' 등과 같은 특징에 점수를 매기게 했다. 결과는 어땠을까? 남성 참가자들은 '매력적인 여성의 사진을 쥔 남성과 통화한 여성의 목소리'에 월등하게 높은 점수를 부여했다. 그들의 통화 목소리가 훨씬 따뜻하고 친절하다고 평가한 것이다. 스나이더 교수는 이 결과를 두고, 매력적인 여성의 사진을 들고 통화한 남성이 상대에게 더 자상한 태도를 취했기 때문일 것이라고 해석했다. 남성 참가자의 호의적인 태도가 상대 여성으로 하여금 긍정적인 반응을 이끌어냈다는 것이다.

상대를 대하는 내 마음은 곧 내 태도까지 좌우한다. 그러므로 상대를 어떤 마음으로 대하느냐에 따라 상대 역시 나를 대하는 마음과 태도가 달라질 여지가 크다. 상대를 아름답고 지적인 사람으로 인정하고 그에 걸맞은 대우를 해주면 그 사람은 적어도 나에게 만큼은 아름답고 지적인 사람으로 행동한다. 서로 선순환의 궤적을 그리게 되는 것이다.

좋은 관계는 상대를 어떤 마음으로 대하느냐에서 시작되는 것일지도 모르겠다. 우리 뇌는 환경과 상황을 파악해 그에 맞는 가장 타당한 행동을 선택한다. 상대를 '소중하게' 대하면 그는 정말로 나에게 없어서는 안 될 소중한 사람이 된다. 모든 면에서 완벽한 상대란 불가능하지만 내 마음에 만족스러운 사람은 가능하다. 나역시 완벽한 사람은 아니지만 상대에게 만큼은 흡족한 사람일 수 있다. 운명적인 사랑이란 건 없지만 사랑의 운명은 두 사람의 마음에 달렸다.

❖

그나저나 그토록 사랑하던 기녀를 물 멕인 선비는 도대체 어디로 사라진 걸까? 백일을 코앞에 두고 돌연 변심해버렸을까?

처음 사랑 고백은 선비가 했으나 되레 사랑에 빠진 이는 기녀인 듯 보인다. 99일 밤을 지새울 수 있는 사람이 백일 밤을 못 새울 리는 없으니, 선비는 긴 시간 동

안 묵묵히 견디는 모습을 보여주면서 여자의 마음을
확실히 낚았다. 군소리 한마디 없이 약속을 지키는 선
비를 하루하루 지켜보며 기녀는 점점 마음을 빼앗겼을
테고, 이제는 그 사랑이 걷잡을 수 없이 커졌을 것이다.

선비가 백일 밤을 하루 앞두고 떠난 이유를 조심스
레 추측해보자면 이것 아닐까? '사랑을 두고 감히 시험
하지 말라.' 사랑을 시험하는 자는 사랑할 자격이 없다
는 것을 치밀하고 치열하게 알려주려 한 것 아닐까? 그
는 그렇게 사람의 진심을 백일 밤의 인내라는 알량한
잣대로 시험하지 말라는 메시지를 온몸으로 전했다.

끝내 잘난 척인 선비가 좀 밥맛이긴 하지만 이쯤에
서 기녀에게 다시 돌아오는 편이 좋겠다. 선비의 하늘
을 찌르는 콧대와 고집을, 반듯한 기상과 절개로 받아
줄 사람은 기녀 밖에 없다. 이대로 두 사람이 연결되지
않는다면 결국 누구에게 더 아쉬울까?

　기녀는 이 사건을 계기로 더 성장하고 성숙했을 것이다. 반면 선비는 자신을 진심으로 사랑해줄 유일한 사람을 잃을 운명에 처한 것일 수 있다. 자존심 센 성미로는 두 사람이 똑 닮았다. 이대로 끝나면 훗날 결국 땅을 치며 후회할 사람은 분명 선비일 것이다.

　사랑을 시작하기 전 기녀가 느낀 불안을, 선비가 이해해준다면 이 이야기의 결말은 더없는 해피엔딩일 텐데. 온 생을 걸고 오는 줄도 모르고 상대에게 상처만 줬음을 기녀는 깨달았으니 이제 선비가 자기 사람을 알아볼 차례다. 더 늦기 전에 발걸음을 돌리시길, 지체 높은 선비님.

어디까지 해봤어?

몇 해 전 학기 초에 있었던 일이다. 그날은 출석을 부르지 않고 학생들에게 설문지를 먼저 나누어주었다. 설문지는 92부, 딱 수강 학생 수만큼 준비해갔다. 설문지 마지막 장에 학번을 기입해 제출하면 오늘의 출석으로 처리하겠다고 설명했다. 남는 설문지는 없었다. 아침 수업임에도 결석하거나 지각한 학생이 아무도 없던 날이었다.

나는 학생들이 설문지를 작성하거나 시험을 치는 동안 강의실을 천천히 돌면서 살피는 일을 좋아한다. 필기구를 왼손으로 잡는 학생은 몇 명이나 되는지, 강의실 뒤편의 환경은 깨끗한지, 요즘 학생들은 어떤 신발을 즐겨 신고 어떤 가방을 좋아하는지, 몸이 불편한 학생은 없는지, 이런저런 여러 가지 모습들을 관찰하는데 그날도 큰 강의실을 빙글빙글 돌아보던 중이었다.

그렇게 15분 정도 지났을까. 열린 출입문 바깥에서 한 여학생이 서성이다가 문 가까이에 앉은 한 남학생과 서로 범상치 않은 눈빛을 주고받는 모습이 눈에 띄었다.

"이 수업 듣는 학생이네요?"

여학생은 머쓱한 표정으로 고개를 끄덕였다. 수강생 수만큼 준비한 설문지가 남은 것 없이 전부 학생들에게 돌아갔는데, 이상한 일이었다. 내가 의아한 표정

을 지으며 재차 물으려던 그때, 여학생과 사인을 주고
받던 남학생이 주섬주섬 짐을 챙겨 강의실 문밖으로
나왔다.

"대리 출석 중이었어요?"

이번엔 남학생이 그렇다며 빨개진 얼굴로 고개를
끄덕인다. 내가 안 볼 때 잽싸게 두 사람이 위치를 바꿀
계획이었는데 애석하게도 먼저 발견해버렸던 거였다.
출석을 부르면 대신 대답해주려고 앉아 있었던 거고.

"여자 친구예요?"

남학생은 다시 한 번 고개를 끄덕였다.

"학생은 이 시간에 수업 없어요?"

그런데 세상에, 수업이 있단다. 얼른 뛰어가라고 했
고, 여학생에겐 남자 친구가 데워놓은 의자에 가 앉으
라고 했다. 초범인 걸 오늘은 특별히 믿어주겠노라는
말도 덧붙였다.

꽤 특별한 기억을 남긴 그날의 일을 오빠에게 들려주면서 만약 그 남학생이 내 동생이었다면 꿀밤을 한 대 쥐어박아줬을 거라 했더니 오빠는 대리 출석이 대수냐며 웃는다. 여자 친구가 부탁하는데 뭔들 못 해주겠냐고.

"아니, 자기 수업도 있으면서, 여자 친구 수업 강의실에 앉아 있더라니까!"

그런 건 하나도 중요하지 않단다. 연애 못 하는 티어지간히 내란다. 행여나 남친에게 그런 부탁 한 번 하거나 받아보지 못했다면 내가 되레 모자란 사람이란다. 그렇담 오빠는 비슷한 짓을 해본 거냐고 물었더니 못 들은 척 먼 산을 본다.

✧

　사랑은 우리 뇌의 여러 영역이 관여하는 아주 복잡한 경험이다. 사랑에 빠지면 다양한 신경전달물질과 호르몬이 작용해 대범해지고 의욕이 솟구치며 희생정신마저 투철해진다. 에너지가 넘쳐 피곤함도 잘 못 느낀다.

　사랑의 열정은 특정 인지능력도 발달시킨다. 그 덕에 상대방의 외모가 실제보다 더 멋있거나 아름답게 보이고, 상대 이외의 다른 자극에는 주의를 두지 않을 수 있게 되며, 상대의 감정과 의도에 이입해 해석하는 능력이 매우 노련해진다. 사랑하는 사람과 관련된 정보나 사건을 기억하는 능력도 상당히 우수해지는데 이 모든 일은, 열심히 사랑할 수 있도록 우리 마음이 충실히 임무를 수행해준 덕에 가능하다.

　사랑은 우리에게 앞서 설명한 능력들을 부여해 무

슨 일이든 서슴없이 하도록 이끈다. 그래서 좋아하는 사람이 생겨 사랑에 빠지면 누구나 살짝 제정신이 아닌 상태가 된다. 사랑에 빠진 뇌는 수업을 대출하든 자금을 대출하든 내가 해줄 수 있는 건 무엇이든 하게 만든다. 좋게 표현하면, 사랑하는 사람에게 쓸모 있고 유능한 사람이 되기 위해 애쓰는 상태가 되는 것이다. 누군가에게 필요한 사람이 되고 싶은 마음은 생존 욕구와 맞닿아 있다. 그 사람에게 내가 필요하므로 그를 위해서 반드시 잘 살고 싶어지는 마음. 그에게 쓸모 있는 사람이라는 느낌은 내 존재를 인정받는 듯한 확신으로 이어진다.

✧

2005년 헬렌 피셔(Helen L. Fisher) 박사는 사랑에 빠

진 사람이 상대에게 느끼는 애착의 수준을 알아보기 위해 대규모 연구를 진행했다. 연구에 따르면 성인 남녀 839명 중 남성의 73퍼센트와 여성의 85퍼센트가 사랑하는 사람의 사소한 말과 행동을 다 기억한다고 했다. 남성의 79퍼센트와 여성의 78퍼센트는 학교나 직장에서도 늘 사랑하는 사람을 생각한다고 했고, 남성의 68퍼센트와 여성의 56퍼센트는 상대가 나를 어떻게 생각하느냐에 따라 본인의 감정 상태가 달라진다는 말에 동의했다. 남성의 47퍼센트와 여성의 50퍼센트는 무엇을 해도 마지막엔 늘 상대방을 생각하는 마음에서 멈춘다고도 했다. 사랑에 빠지면 '기승전-그 사람'이 되어버리는 것이다.

사랑에 빠지면 우리 뇌는 정신적 지분의 상당량을 사랑하는 사람에게 할애하도록 세팅된다. 그래서 정말 좋아하면 이기적일 수가 없고, 너무도 당연히 상대가 최우선이 된다. 내 욕구를 희생해서라도 상대의 욕구를 만족시키기 위해 노력한다.

내가 진행한 실험에서도 이를 확인할 수 있었다. 사랑에 빠진 적이 있는 사람들을 대상으로 소규모 조사를 진행했는데 "사랑하는 사람을 위해 어디까지 해보았는지"를 묻자 참가자들은 '36개월 할부, 시험 합격, 진로 전환, 운동, 안 하던 독서, 금연, 금주' 등 다양한 대답을 내놓았다. 더한 일도 충분히 할 수 있었을 테지만 능력이 없어 안타까웠다는 참가자도 있었고, 지금은 헤어졌지만 당시 그런 일을 한 걸 후회하지는 않는다고 말한 사람도 있었다. 그러나 모든 참가자가 이구동성으로 '사랑할 때라 가능했다'고 답했다. 제대로 사랑에 빠져본 적 있다면 이런 마음을 모를 리 없을 것이다.

그러나 특정한 대상에게 과도하게 몰입하는 것은 적응적이거나 합리적인 행동은 아니라서 오랜 기간 유지할 수 없다. 시간이 지나면 연애를 시작할 때의 마음이 바래고 적극적이던 태도도 누그러진다. 결국 서로에게 섭섭해지는 시기는 오기 마련인데 마음이 변했고 사랑이 식었다고 생각하게 되는 그때조차도 예전의 그 지극하고 정성스러웠던 마음들을 복기할 수 있다면 그것도 그것대로 사랑이라고 부를 수 있지 않을까.

눈에 뵈는 것 없이 좋아해본 열정과 가슴 가득히 차오른 사랑의 경험은 반드시 어딘가에 남는다. 그러므로 변한 사랑을 안타까워하는 대신 상대에게 열의를 다할 수 있었던 내 마음을 귀하게 여기기로 한다.

어떤 만남

내가 K를 소개받기까지 다리를 놓아주기 위해 애쓴
사람이 많았던 것으로 안다. 나와 적합한 사람이란 말
을 여기저기서 들었고, 둘이 잘 되면 '내 덕'인 줄 알
라는 말도 여럿에게 들었다. K와 소개팅이 있기 전날
밤, 엄마는 꿈에서 내가 나지막한 언덕에 올라 환하게
웃는 모습을 보았다고 하셨다. 여러 사람이 마음을 써
준 덕에 비로소 K와 만남이 성사된 데다 엄마가 길몽

도 꾸셨으니 이 사람과 혹시 인연인가 싶어 솔직히 설렜다. 그렇게 만난 그 사람과 아주 오랜만에 즐거운 대화를 나눴다. 그도 나처럼 즐거워보였다. 그러니 애프터가 없거나 차일 가능성 같은 건 예상 시나리오에 없었다.

'엄마한테 꿈 값을 드리지 않아서일까?' 하는 생각으로 일주일을 흘려보냈다. 처음 만나는 날 식사를 같이 하면 이어지지 않는다는 말이 있던데, 그날 내가 밥을 너무 맛있게 먹은 탓이 아닐까 하는 생각으로 또 한 주를 보냈다. 마음에 드는 사람과도 인연이 될 수 없음을 받아들이기 힘들었는지 당시에 내 머리는 온갖 이야기들을 만들어내기 바빴다. 그리고 끝내 상대의 분명한 거절 의사를 받으면서는 '신발을 선물한 것도 아닌데 왜 오기도 전에 가버렸을까?' 하는 생각에까지 다녀왔다.

◇

　미국의 행동주의 심리학자 스키너(Burrhus Frederick Skinner)는 자신이 제작한 실험 상자(Skinner Box)에 비둘기를 넣고 비둘기가 부리로 레버를 쪼면 먹이가 접시에 떨어지도록 했다. 비둘기는 우연을 포함한 몇 차례의 시행착오 끝에 레버를 쪼면 먹이가 떨어진다는 것을 학습했고 그 후 레버 쪼는 횟수를 급격히 늘렸다.

　어느 날 스키너는 실험 상자 속 먹이 장치를 좀 다른 방식으로 조작했다. 비둘기가 뭘 하든 상관없이 20초마다 접시에 먹이가 떨어지도록 한 것이다. 비둘기는 이제 레버를 굳이 쪼지 않아도 먹이를 자동으로 공급받는 환경에 놓였다. 그런데 몇 차례의 먹이를 받아먹은 비둘기는 차츰 희한한 행동을 했다.

　한 비둘기는 시계 반대 방향으로 일정하게 원을 그

리며 돌았고, 다른 비둘기는 상자의 한쪽 구석을 향해 머리를 높이 뻗어 올렸다. 어떤 비둘기는 가볍게 리듬을 타며 머리를 위아래로 끄덕였고, 또 어떤 비둘기는 바닥을 쫀 뒤 실험 상자를 한 바퀴 도는 행동을 반복했다. 비둘기는 아마도 자신이 하는 행동이 원인이 되어 먹이가 주어진다고 믿었던 것으로 보인다. 희한한 행동을 하는 비둘기가 우스꽝스럽고 어이없다 싶지만 비둘기의 행동은 사실 인간의 미신 행동과 그 원리가 비슷하다.

우리 뇌는 '우연'을 힘들어하고 불확실성을 공포스러워한다. 미래를 내가 원하는 대로 통제하고 싶지만 그럴 수 없어 늘 불안해한다. 그래서 우리는 수많은 미신 속에 살고 생활 곳곳에는 징크스가 즐비한다. 공을 던지기 전에 코와 모자를 번갈아 두 번은 만져야 잘 던져진다고 믿는 투수가 있는가 하면, 경기가 있는 날엔 면도를 안 하는 선수도 있다. 어린 시절 누구나 한 번쯤은 빨간색으로 이름을 쓰면 죽는다는 이야기에 사로잡힌 경험이 있을 것이다. 4층과 4호가 불길하다고 생각해 엘리베이터에 F층을 만들어놓은 그 마음도 그저 무시할 만한 마음은 아니다.

가끔은 미신적인 마음이 일상에 도움을 주기도 한다. 깨진 거울을 보고 대수롭지 않게 여길 수도 있는가 하면, 일진이 사나울지도 모르니 조심하라는 의미로 받아들여 하루를 안전하게 보내려 애쓸 수도 있듯이 말이다.

미신 행동이나 징크스를 만들어내는 마음은 아주 특별한 경우를 제외하곤 대체로 무해하다. 스키너의 비둘기들이 원을 그리며 돌거나 고개를 들어 머리를 적극적으로 뻗었지만 이로 인해 잃은 것은 없듯. 강화를 동반하는 행동은 대체로 반복되는 경향이 있고, 장기적으로 보면 이런 특성이 그 종에게 도움이 된다는 주장도 있다. 원을 그리며 도는 행동 때문에 혹여 진짜 먹이를 구하기라도 한다면 비둘기는 그것을 먹고 하루를 더 살 수도 있고, 그렇지 않다고 해도 딱히 손해 볼 일이 없다는 것이다. 비둘기들이 했던 의례적인 행동은 실제로 비둘기가 먹이를 구할 때 하는 모습과 거의 흡사하다.

✧

'인연이었다면 피하고 싶어도 피할 수 없었을 테고, 인연이 아니라면 아무리 애를 써본들 만날 수 없다'는 말을 좋아한다. 지극히 당연해서 필요 없는 설명 같지만, 이 말에 울림이 있는 건 사랑이 되고 안 되고는 결코 손쓸 수 없는 일임을 담담하게 받아들일 줄 아는 우리의 지혜가 담겨서다. 우리는 길몽을 꿨는데 로또에 당첨되지 않은 날에도 점심에 먹은 샌드위치가 맛있었다며 위로받을 줄 아는 존재다. 깨진 거울을 보았으나 무탈하게 하루를 보내 다행이라고 가슴을 쓸어내릴 줄도 아는 존재다.

처음엔 K가 나를 조금은 아쉬워했으면 했다. 혼자 미련을 두고 청승을 떠는 게 왠지 모르게 억울한 면도 있었다. 무엇보다 예상과는 다른 상황이 답답하고 힘들어서 어떤 방법으로든 설명이 가능한 길을 찾고 싶었던 것 같다. 말이 되든 안 되든 이유가 있다고 믿으면 한결 마음이 괜찮으니까, 그냥 내가 싫어서라기보다 다른 이유 때문이라고 믿으면 훨씬 위로가 되니까. 그 상황을 그렇게라도 이해하면 조금은 받아들이기 수월해질 것 같아서 온갖 미신과 징크스들까지 소환했다. 어지간히 기대했고 어지간히 아쉬웠던 모양이다. 마음이 정리되고 나서야 든 생각인데, 인지심리학자 체면이 진짜 말이 아니었다. 한참을 헤매다 '그 사람, 그냥 내가 마음에 들지 않았나보다'라고 생각해버리자 마음이 한결 가벼워졌다.

'어떤 만남'을 인생에서 뜻깊게 받아들이는 일도, 스쳐 지나가는 인연 중 하나로 흘려보내는 일도 내 마음에 달린 것 아닌가. 그 만남의 의미가 무엇이든 내 마음이 원하는 대로 선택하면 된다. 이쯤 되니 두 번 안 만나길 정말 잘했다는 결론에 이른다. 어느 날엔가 더 좋은 사람 만나려고 그 사람과 이어지지 않았다고 생각하게 될 것이 뻔한데 뭐.

구름이 하트로 보이는 이유

어릴 때 아빠를 교통사고로 여읜 학생이 있었다. 스무 살이 되던 해에 이러저러한 사정으로 이름을 바꿨다는 그 학생에게 개명한 이름이 딱 너처럼 예쁘다고 얘기했더니 문득 "그런데요, 선생님. 이름을 바꿔서 아빠가 저를 못 알아보시면 어떡하죠?"라며 걱정하는 것 아닌가.

입은 웃는데 눈은 슬퍼 보였던 학생에게 나도 모르게 "지금 네 이름, 아빠가 짓게끔 도와주셨을 걸. 새 이름을 듣는 순간 딱 네 이름이다, 싶지 않든?"이라고 했다. 학생의 환해지던 얼굴에 내가 더 위로를 받은 날이었다. 괜히 기분이 좋아져서 한마디 더 보탰다.

"아빠는 정말 좋겠다. 아빠를 이렇게나 깊이 사랑하는 딸을 두셔서."

내 마음을 빌려 아빠가 딸에게 사랑을 전한 것이라고, 그 중요한 역할을 운 좋게도 내가 한 거라고 나는 아직도 믿고 있다. 내가 생각해도 참 괜찮은 의미부여다.

미국에서 한쪽 면에 성모 마리아 형상이 나타난 토스트가 경매에 올라 2만 8천 달러에 낙찰되는 일이 있었다. 엄밀하게 따지자면 토스트가 정말로 신의 은총을 받은 것이 아니라 좀 특이하게 생긴 그을음을 보고 사람들이 성모 마리아 형상이라며 그럴듯한 의미를 부여했다고 보아야 한다.

사람의 마음이 그렇다. 우리 마음은 맞닥뜨린 숱한

일들에 논리와 규칙, 원인과 이유를 갖다붙이려고 무던히 애를 쓴다. 필요에 따라 우연을 운명으로 포장하고, 애매한 꿈을 그럴듯한 해몽으로 해석해낸다. 아기는 그저 늘 하던 옹알이를 조금 힘주어 했을 뿐인데 드디어 "아빠"라고 했다며 온 식구가 박수치는 일도 그렇고, 데이트를 나선 날엔 하늘의 구름이 굳이 하트 모양으로 보이는 일도 그렇다.

✧

'우연이란 운명이 아주 잠깐 망설이는 순간 같은 것'이라던 심보선 시인의 시구가 와닿던 순간들을 만나는 때가 있었다. 발표 수업에 학생이 자료로 인용한 논문이 하필 소개팅한 사람의 논문일 때, 대시 하는 사람과 내 생일이 같을 때, 잘못 앉은 줄도 모르고 앉아 있던 기차에서 자기 자리인 것 같다며 말을 걸어온 사람이 예전에 혼자 좋아했던 사람일 때.

당시엔 이게 무슨 일인가 싶었으나 지금은 있을 수 있는 우연임을 이해한다. 우리는 사랑하고 싶다는 뜻으로 인연이라 하고, 사랑한다는 뜻으로 운명이라 하는 게 아닐까.

사소한 것들조차 특별한 메시지로 읽는 것이 사랑이라서, 사랑에 빠졌을 때는 우연히 동시에 서로에게 전화를 걸다가 우리 통했다며 난리고, 식당에서 같은 메뉴를 골라도 역시 우리는 잘 맞는단 소릴 한다. 어느 날에는 다른 메뉴를 고르면 나누어 먹기 좋으니 역시 잘 통한다고 한다. 삶에 의미와 뜻이 있다고 믿는 마음은 우리를 안심시키고 세상을 살 만한 곳으로 느끼게끔 만들어준다. 현실과 착각을 정확히 구분하는 건 우리에게 별로 중요한 일이 아닐 수도 있다.

하버드대학교 제롬 브루너(Jerome Bruner) 교수는 실험을 통해 '보고 싶은 대로 보는 마음'의 정체를 알아보았다. 브루너 교수는 실험에서 아이들을 집안 형편이 부유한 쪽과 그렇지 않은 쪽으로 나누어 다양한 종류의 동전을 주고 살펴보게 했다. 이후 동전을 가린 상태에서 크기를 가늠해 그려보게 했는데 두 집단의 아이들 모두 실제보다 크게 그렸다. 물론 두 집단 사이에 차이는 있었다. 형편이 좋지 않은 집 아이들이 부유한 집 아이들에 비해 동전을 훨씬 더 크게 그린 것이다. 브루너 교수는 가난한 집 아이들이 동전을 필요로 하는 마음과 간절함이 더 컸기 때문이라고 해석했다. 브루너 교수의 연구 결과는 이후 '열망이 시각에 미치는 영향'을 연구한 뉴욕대학교 에밀리 발케티스(Emily Balcetis) 교수 연구진에 의해 '소망적 보기(wishful seeing)'라고 이름 붙여졌다.

발케티스 교수 연구진은 인간이 열망에 영향을 받아 보고 싶은 대로 본다는 것을 증명했다. 컴퓨터 모니터에 모호한 부호를 띄우고 한 그룹에게는 제시되는 부호가 '숫자'면 보상을 받을 수 있다고 했고 다른 그룹에게는 '문자'면 보상을 받게 된다고 설명했다. 두 그룹에게 숫자 13으로도, 문자 B로도 보일 수 있는 모호한 부호를 동일하게 보여줬다. 예상했겠지만 숫자가 나타났을 때 보상을 받을 수 있다고 들었던 그룹의 참가자 다수는 제시된 부호를 숫자 '13'으로, 문자가 나오면 보상을 받는다는 조건의 참가자들은 대부분 문자 'B'로 보았다.

✧

우리 뇌는 무엇이 진실인지 아닌지에 사실 별로 관

심이 없다. 무엇이 나에게 중요하고 내 삶에 힘이 되고 더 유리한지에 온 신경을 쏟는다. 어떤 것이 사실이 아니며 진실이 아니라 한들 경우에 따라선 중요하지 않을 수도 있다는 뜻이다. 산타클로스의 존재를 믿지 않는 건 이제 내 삶이 그런 믿음에 기대지 않아도 되기 때문일 뿐이다.

'우리 고은이는 사려도 깊다. 내가 샤워하는 곳마다 두고 쓰라고 수영용 귀마개를 여러 개 주문해주고. 깜박깜박하는 엄마 위해서 마음 쓰는 속 깊은 내 아이.'

어느 날, 엄마 일기장을 훔쳐보다 이 문장을 발견하곤 뜨끔했다. 귀에 물이 들어가 염증을 일으켰는지 병원에 다니시던 엄마가 귀마개를 주문해달라고 부탁하셨었다. 수영용 귀마개가 있을 텐데 이 동네는 파는 곳을 못 찾겠다며 내게 주문해달라 하신 거였다. 당장에 인터넷 쇼핑몰에 검색해서 주문을 해드렸다.

그런데 귀마개를 여러 개 주문한 이유는 배보다 배꼽이 커보이는 배송비 때문이었다. 엄마가 말씀하시는 '사려'는 죄송하게도 엄마를 위한 게 아니었지만 엄마 덕에 나는 기특한 딸이 됐다.

사랑에 빠진 뇌가 저지르는 일

몇 해 전 어느 날, 뜬금없는 시간에 장문의 문자메시지가 왔다. 발신인은 낮에 잠깐 문자를 주고받은 후배였다. 문자 내용이라고 해봐야 진행 중인 프로젝트 보고서에 관한 정보와 자료집 이름, URL 주소 같은 것들이었다. 애랑 장문의 대화를 나눌 일이 없는데 이상하다 싶었다. 힐끗 살펴보니 "오늘은 하루가 길었지만 당신을 생각하는⋯"으로 시작하는 글이 화면을 한가득 채우고 있었다.

'애가 지금 뭐라는 거야?'라며 보내온 문자를 주욱 훑어보니, 아니나 다를까 수신인이 내가 아니었다. 나와 이름이 비슷한 옆 연구실 후배에게 보내는 문자였는데, 낮에 나랑 문자를 주고받은 탓에 대화 창을 헷갈린 듯했다.

문자 내용으로 미루어 짐작했을 때, 두 사람이 연애 중인 것 같긴 한데 이 후배 쪽이 상대에게 더 정성을 기울이는 듯했다. 조금 놀라긴 했다. 두 사람이 연인 관계인 것이 놀라운 게 아니라 이 후배 녀석이 이렇게나 미사여구 가득 담긴 달달한 연애편지를 쓸 수 있다는 게 신기했다.

장난기가 발동해 '맞춤법, 띄어쓰기 교정했습니다. 다시 복붙 후 여친에게 보내세요'라고 답장을 할까 하다가 그만두었다. 문자 메시지를 받지 않은 척, 삭제해버렸다. 손발이 오글거려 도저히 못 읽어주겠어서 지운 면도 없지 않다. '내가 연애할 때 주고받은 메시지도 남이 읽으면 이렇게 민망하려나.'

두 사람은 아마 자기네들 연애가 엄청난 이슈가 될 거라고 생각해 주변에 알리지 않기로 한 것 같다. 사내 비밀 연애의 고달픔과 단점을 간접적으로 목격했을 수도 있다. 그러나 비밀 연애는 마치 모래 더미에 머리를 박아 파묻어놓고 아무도 자신을 못 볼 거라 생각하는 타조 아니, 타조 쌍의 모습과 비슷하다. 보다시피 사랑과 기침은 숨길 수 없어서 주변 사람이 어떻게 해서든 알게 되거나 이번 일처럼 예기치 않은 틈으로 새어 나오게 되어 있다. 어쩌면 둘이 비밀 연애를 한다는 걸 다들 알면서 모른 척해주고 있을 수도 있다. 끝내 아무도 모르게 하는 데 성공했다면, 그건 주변 사람들이 두 사람 관계에 관심이 없었다는 뜻으로 해석해도 무방하다.

✧

　사랑은 뇌가 감당하기 힘들어할 만한 엄청난 자극이다. 주변이 보이지 않는 좁은 시선은 특정 대상에게 온전히 주의를 집중하라는 사랑에 빠진 뇌의 지시로 생긴 결과다. 사랑에 빠진 뇌가 저지르는(?) 일을 더 자세히 살펴보려면 먼저 인간의 정보처리 방식을 알아야 한다.

　인간의 정보처리 방식은 크게 '전역처리(global processing)'와 '국지처리(local processing)'로 나누어 설명할 수 있는데 전역처리는 대상을 넓은 시각에서 전체적으로 보는 것을 의미한다. 반면에 국지처리는 대상을 좁은 시야에서 세밀하게 보고 세부적인 특징을 파악하는 것을 말한다.

　아주 작은 문자들이 모여 하나의 커다란 문자를 이

루고 있는 그림을 떠올려보자. 작은 s들이 모여 만든 큰 H를 그려보는 것이다. 이때 작은 s를 먼저 보는 것이 '국지처리'이고, 큰 H를 먼저 보는 것이 '전역처리'다.

암스테르담대학교 옌스 푀르스터(Jens Förster) 교수 연구팀은 인간의 시각 처리에 관한 실험을 통해 사랑이 사람의 사고 패턴을 변화시킬 수 있음을 밝혔다. 사랑하는 사람을 떠올렸을 때는 전역처리 효과로 시각이 넓어졌지만, 단순히 키스나 섹스만 생각했을 때는 국지처리 효과로 시야의 폭이 많이 좁아졌다.

연구팀은 또 다른 실험을 통해 사랑이 정보처리 스타일을 바꾼다는 것을 다시금 확인했다. 우선 실험 참가자들에게 각각 '사랑하는 사람과의 산책', '원나잇 스탠드', '혼자 하는 쾌적한 산책' 중 한 가지 상황을 상상하도록 주문했다. 참가자들은 충분히 시간을 들여 마치 실제처럼 생생하게 주어진 상황을 상상한 후 창의력과 분석력 테스트를 받았다. 결과는 어땠을까. 사랑하는 사람과의 산책을 상상한 참가자들은 혼자 하는 산책을 상상한 대조군 집단에 비해 창의력 점수가 높았고 분석력 점수는 낮았다. 반면 원나잇 스탠드를 상상한 참가자들은 대조군 집단에 비해 창의력 문제를 어려워했고 분석력에서는 높은 점수를 받았다.

통찰을 요구하는 창의력은 시야의 폭이 넓은 전역 처리와 상관이 높고, 집중력을 요구하는 분석력은 국지 처리와 아주 높은 상관을 보인다. 사랑은 '사랑하는 사람', '사랑의 의미'를 생각하게 해 우리의 시선을 넓히고 통찰과 창의력을 갖게도 하지만 '성관계', '스킨십' 같은 강렬한 자극으로 주변 시각을 가리기도 한다. 사랑은 마음의 정보처리 관점에서도 매우 힘이 센 자극인 것이다.

✧

사랑이 인간의 사고 패턴에 어떤 영향을 미치는지 알아보기 위해 나는 한창 연애 중인 57명의 성인 남녀를 대상으로 전역처리와 국지처리 실험을 진행했다. 실험 결과를 분석해보니, 연애한 기간에 따라 주의력과 시야도 차츰 달라졌다. 사랑한 시간이 길수록 주의력의 범위는 커지고 시야가 넓어졌다. 그에 비해 연애를 시작한 지 얼마 안 된 사람들은 주의력의 폭과 시야가 모두 좁았다.

연애 기간이 길어지면 열정이 식고 마음이 예전 같지 않아서, 그래서 상대를 향한 주의력이 떨어지는 것으로 해석할 수도 있겠지만 그게 꼭 그런 것만은 아니다. 시간이 지날수록 넓어지는 시야는 사랑을 위해 더 중요한 많은 것을 고려하기 시작한다는 의미이기도 하

다. 더 먼 미래와 더 넓은 주변을 살필 능력, 서로의 장
점뿐 아니라 단점도 기꺼이 받아들일 능력을 갖추게
되는 것이다.

　그런데 그건 알까? 타조가 땅이나 모래 더미에 머리
를 박는 건 자신에게 더 발달한 감각을 활용하기 위해
서다. 땅의 미세한 진동을 읽어 천적의 덩치와 움직임
을 정확히 파악하기 위해서라고 하는데, 어리석어 보이
는 모습이 실은 굉장히 적응적이고 마땅한 행동인 것
이다. 그러므로 시작하는 연인들을 응원하는 마음을 담
아, 연애할 때 상대에게 집중하느라 주변이 잘 안 보여
도 괜찮다는 말을 건넨다. 남들 눈에는 어리석어 보일
지 몰라도 당신들은 서로에게 마땅히 할 일을 하는 중
임을 잊지 마시길.

3장

이것은 왜 사랑이 아닌가 〰〰〰〰〰〰〰〰

모든 순간이 이별이었다

새벽 1시가 넘은 시간, S가 뜬금없는 문자메시지를 보냈다.

"자니?"

휴대전화 진동 소리에 잠을 깼다. 현 남친은 잠을 재우고 전 남친은 잠을 깨운다더니 딱 맞는 말이었다. S와는 헤어진 지 벌써 몇 년이 흘렀다. 그런데도 S의 문자는 '너는 지금 편하게 잠이 오냐?'는 투로 읽혔다.

갑작스레 보이는 기괴한 행동은 아니다. S는 몇 해 전에도 헤어지자는 내 말이 무슨 말인지 모르는 사람처럼 반응했다. 다잡은 마음으로 꺼낸 이별 이야기를 생각 없이 뱉는 투정 정도로 취급했고 더 사랑해달라는 응석쯤으로 듣는 것 같았다. 이 사람과는 이별도 순탄치 않아 다소 험난한 여정이 펼쳐지겠다는 느낌을 받고 또 받았다.

내가 아는 S는 '자니?'와 같은 저런 행위가 상대에게 휘두르는 폭력일 수 있다는 생각은 미처 못할 사람이다. 그래서 나는 크게 놀라지 않았다. 그러거나 말거나 다시 잠이나 청하는 것이 가장 적합한 반응이다.

'응, 나는 잔다.'

우리가 만나는 동안 S는 누군가를 사랑하고 있는 자기 모습을 너무 좋아하는 사람 같았다. 연애하고 있다는 사실 자체로 어떤 성취감을 느끼고 있는 사람 같달까. 달뜬 목소리로 대답을 두 번씩 해대거나 갑자기 아무런 예고도 없이 회사 앞에 나타나 나를 당황하게 만들거나 만나면 줄곧 자신의 이야기를 하느라 시간을 가득 채우기 일쑤였다. S가 그렇게 연애를 사랑하는 동안 나는 언제까지 S의 도취적인 이야기에 웃는 시늉을 해야 할지, 내가 더 이상 당신과 박자를 맞추기 어렵다는 이야기를 어떻게 꺼내야 적절할지를 가늠하기에 여념이 없었다.

이제야말로 내가 깨어있든 자고 있든 꿈을 꾸든 꿈에서 깨든, 미워하든 그리워하든, 헤어진 지 오래인 그대는 내 사정을 알아야 할 이유가 하나도 없다. 마주볼 땐 가장 가까웠으나 등지면 가장 멀어야 하는 사이가 다름 아닌 이 관계다. 관계가 깊었을수록 이후의 거리는 아득히 멀어야 한다.

✧

2019년 한 해 동안 나는 20대 미혼남녀 208명에게 연애와 이별에 관한 여러 질문을 던져보았다. 208명의 참가자 중 관계를 먼저 끝내자고 한 경우가 남성에 비해 여성이 확연히 많았다. '내가 먼저 끝내자고 했다'라고 응답한 쪽이 남성은 21퍼센트에 불과했지만 여성은 60퍼센트가 넘었다. 누구 때문에 이별했는지를 묻는 질문에는, 상대 탓이라고 대답하는 비율에 남성이 여성보다 높았다. 반대로 여성 대부분은 이별에 오히려 자신의 탓이 크다고 답했다. '어느 쪽의 탓인지 잘 모르겠다'거나 '어쩌다 보니 이별했다'는 대답의 비율은 남성이 여성보다 높았다.

이별의 이유를 묻는 질문에는 재미있는 결과를 얻었는데, 남성 다수는 '솔직히 잘 모르겠다'고 대답했고 여성은 '모든 것이 이유가 됐다'고 답했다. 이별의 이유가 무엇이었는지도, 누구 탓으로 이별하게 되었는지도 잘 모른 채 연애가 끝나는 남성은 그 수가 많았던 반면 여성은 이별을 이미 예감했고 오래전부터 수순을 밟아온 사람처럼 초연해보였다. 모든 순간이 너였던 것이 아니라 모든 순간이 이별이었던 거다.

실연 후의 행동이나 정서를 묻는 항목에서는 '슬펐다', '힘들었다', '아팠다', '허전했다', '후련했다' 등 익히 예상 가능한 응답들이 즐비한 가운데 남성에게서 유독 많은 표현이 눈에 띄었다. 그것은 바로 '억울했다'는 대답이었다. 여성 참가자의 단 4퍼센트에서만 발견되는 억울하다는 표현이 남성 참가자 70퍼센트 이상에서 볼 수 있는 아주 흔한 감정이었다. 아울러 '상대방을 잊기까지 많은 시간이 걸렸다'는 응답과 '상대방과 마주칠 수 있는 장소에 의도적으로 가본 적이 있다'는 응답이 남성에게서 압도적으로 많았던 반면, 여성 대부분은 '데이트 장소를 피해 다녔다'거나 '상대방과 마주칠까 두려움을 느낀 적이 있다'고 답했다.

숱한 남성들의 억울하다는 정서를 이해해보기가 자못 부대낀다. 이별 후에 상대방과 마주칠까 봐 두려움을 느낀 적이 있다는 여성의 응답과 나란히 두고 볼 때는 더욱 그렇다. 그토록 분하고 답답한 이유는 대체 뭘까.

이별한 이유를 잘 모르겠다거나 상대방의 탓이 크다거나 이별을 받아들이는 데 시간이 오래 걸렸다는 대답들도 그렇다. 연인 관계에서 특수한 상황을 제외하고 실연은 절대로 갑자기 찾아오지 않는다. 대체로 미리 예고되기 때문에 조금만 주의를 기울이면 그 징후들을 눈치 챌 수 있다.

관계는 일방적일 수 없고 두 사람이 서로 사랑했듯, 두 사람이 함께 이별을 맞는다. 사랑을 키운 것도 둘이고 이별의 뿌리를 자라게 한 것도 둘 모두의 몫이다. 만나는 동안 이별은 곳곳에서 신호를 보냈을 것이다. 그럼에도 헤어지는 이유를 전혀 이해할 수 없다면 그건 내가 관계에 충실하지 않았다는 뜻, 상대에게 집중하지 않았다는 뜻이 아닐까.

◇

실연의 아픔을 느끼는 동안 우리 뇌에서 벌어지는 일을 들추어보면 흥미로운 사실을 알 수 있다. 우리가 익히 알고 있는 사랑의 호르몬들, 예컨대 쾌락을 느끼게 하는 도파민, 흥분의 호르몬인 노르에피네프린, 긴장하게 만드는 코르티솔, 이 세 가지 신경전달물질이 실연한 사람의 뇌에서도 왕성하게 분비된다. 이별한 사람의 뇌에서 사랑이 갓 시작될 때 분비되는 신경전달물질들이 다시금 활성화되는 것이다.

실연한 사람의 뇌는 마치 마음에 드는 상대를 만나 고백을 하려고 조급해지는 듯한 상태가 된다. 이는 손실에 유독 민감한 우리 뇌가 이별을 손실로 받아들여 내 것을 되찾아오기 위해 안간힘을 쓰는 것과 비슷하다. 인간을 포함해 포유류는 상대가 자신의 사랑을 받아주지 않으면 도파민과 노르에피네프린을 분비해 강한 흥분 상태로 만드는데, 사랑하는 데 기여했던 바로 그 화학물질들이 이별에 대한 감정을 더욱 격정적으로 만들고 화를 내며 항의하도록 하는 것이다.

사랑을 연구하는 심리학자 헬렌 피셔는 이를 '좌절-공격 가설'로 설명한다. 인간은 혐오와 분노를 느낄 때 편도체와 시상하부, 뇌섬엽 등 다양한 영역이 활성화된다. 그런데 이 영역은 쾌락을 예측하고 평가하는 전전두엽의 중심부와 밀접하게 연결돼 있다. 자신이 기대했던 보상을 못 받게 되거나 자신의 노력으로 얻을 수 없는 상황이 되었다는 사실을 깨닫게 되면 전전두엽은 편도체에 분노하라는 신호를 보낸다. 우리는 깨진 사랑 앞에서 냉정하고 분별력 있게 행동하도록 설계되지 않았다. 에밀리 디킨슨이 오죽하면 "이별은 (…) 지옥이 필요로 하는 모든 것"이라 했을까. 상상하는 좋은 이별, 신사적인 헤어짐이란 정말 상상 속에나 가능한 일인지도 모른다.

나도 그랬다. 아무리 정돈된 어조와 지적인 말들로 포장해도 이별을 말하는 목소리는 괜찮게 들리지 않았다. 다시는 보지 말자는 소릴 참 정성껏 하고 앉았다 싶어 화가 치밀어 올랐고, 지난날의 관계를 까맣게 잊은 것 같은 상대에게 있는 힘껏 상처를 주고 싶은 잔인한 마음도 요동쳤다. 관계가 정리되는 형태가 내가 원하는 방식이 아니라고 느낄수록 마음은 더욱 거칠어졌고 집

착에서 허우적거리기도 했다.

그러다 문득 끝나버린 사랑 앞에서 예의를 갖춘 안녕은 내가 만드는 것이고, 내가 선택하는 것이라는 생각이 들었다. 만남과 이별은 세트라서, 좋은 이별을 하지 않고서는 좋은 만남이었다 할 수 없어서, 이별의 탓이 나에게 있다는 자답을 해가며 시간을 갖는다. 깨져버린 관계의 단면에 베이면 회복할 시간이 필요하다. 아프지 않을 리가 없다.

그래서 조금 이상한 말 같지만 상대가 좋은 사람인지 아닌지를 알려면 역설적이게도 그 사람과 이별해보아야 하는 것 같다. 실연 후의 반응이 반드시 어떠해야 한다는 기준은 없다. 다만 실연 후의 모습이 나라는 사람을 설명하는 기준점이 된다는 것은 알겠다. 이별은 당하는 것이 아니라 하는 것이다.

어느 실패한 사랑 이야기

동창회든 동호회든 이성이 한 사람이라도 섞인 자리에
는 절대 나가지 못하게 하는 배우자 때문에 부부싸움
을 크게 했다는 이야기를 들은 적이 있다. 연락을 주고
받는 이성 친구가 있어 애인과 다투는 친구도 꽤 흔
하다. 그래서 모임은 일찌감치 포기하고 주변 이성 친
구들과는 일절 연락을 끊고 사느냐 물으니 대부분 당
연하듯 그렇다고 했다. 초연한 얼굴로 "어쩌겠어"라는

대답은 덤이다.

그러고 보니 내게도 평소에 불만 하나 없는 사람처럼 굴다가 어느 날 "무슨 오빠들이 그렇게 많아?"라며 맥락 없이 공격해오던 전 남친 C가 있었다.

내게 오빠란 오지랖이 넓은 내 친오빠의 친구들, 그러니까 고향 동네 오빠를 비롯한 그냥 좀 알고 지내는, 나보다 나이가 많은 남성을 부를 때 쓰는 말인데… 이렇게 구구절절 설명을 하려다 괜히 짜증이 치밀어 '네가 알아 뭐 할래!'라는 말이 튀어나올 뻔했다. 말 그대로 알릴 필요도, 알 필요도 없는 정보 아닌가.

"응, 좀 많아. 네가 생각하는 것보다 훨씬 더 많아."

남녀가 알고 지낸다고 해서 혹은 같은 공간에서 함께 시간을 보낸다고 해서 반드시 이성적인 매력을 느끼게 되거나 연인 관계로 발전하리란 법은 없다. 설사 특별한 감정이나 성적 매력을 느낄 수 있다 해도 모든

결말을 '성관계'로 수렴시키면 상대의 이성 친구를 색
안경부터 끼고 볼 수밖에 없다.

나는 2019년에 110명의 성인 남녀를 대상으로 주변
이성 친구에게 성적으로 얼마나 매력을 느끼는지, 그
친구는 내게 어떤 느낌을 가질 것이라 예상하는지, 여
자 사람 친구 혹은 남자 사람 친구를 가르는 기준은 무
엇인지 등에 관해 물어보았다.

여자 사람 친구나 남자 사람 친구에게 성적인 매력
을 느끼는 사람은 예상보다 많았다. 상대가 나에게 이
성적 매력을 느낄 것이라 생각하는 사람의 비율도 꽤
높았다. 그런데 이성 친구에게 느끼는 성적 매력 점수
를 높게 응답한 사람일수록 주변의 이성 친구도 자신
에게 성적 매력을 느낄 것이라 예상했다. 반면에 이성
친구에게 성적 매력을 느끼지 않는다고 응답한 사람들
은 주변의 이성 친구 또한 나를 성적 대상으로 보거나

느낄 리 없으며, 그런 생각을 해본 적이 없다고 답했다. 이성 친구가 자신에게 성적 매력을 어느 정도 느낄지를 가늠하는 기준은 오로지 '자신의 느낌과 생각'이었다. 실제로 그 친구가 어떤 생각을 하는지는 판단 기준이 아니었다.

✧

사람은 외부 정보를 객관적으로 처리하지 못하고 자신의 신념이나 생각과 일치하거나 유리한 것을 선택적으로 받아들이는데, 이러한 현상을 선택 지각(selective perception)이라고 한다. 야한 것에 꽂힌 사람은 보이거나 들리는 자극마다 야한 의미로 해석하기 십상이고 또 그런 자극만 귀신같이 찾아내어 보고 듣는다.

사람의 인지 용량에는 한계가 있기 때문에 외부의

다채롭고 복잡한 정보를 한꺼번에 정확히 처리할 수가 없다. 물론 모든 것을 처리해낼 필요도 없다. 그러므로 기왕 다 소화하지 못할 바엔 원하는 것을 중심으로, 처리하고 싶은 대로, 필요한 것만 골라, 예민한 구석을 간파해 나름 유능하게 처리해내는 것이다.

따라서 내가 이해하는 세상은 나의 신념과 사고 패턴, 가치관 그 자체와 다름없다. 결국 똑같은 정보를 접해도 우리는 각자 아는 만큼 보고 아는 만큼 듣는다. '뭐 눈에는 뭐만 보인다'는 옛말이 결코 틀리거나 과장되지 않았다. 세상은 보는 시선의 수만큼 많다.

앞서 실험에서 동일한 관계와 동일한 상황이지만 사람마다 다른 시선으로 그 관계를 바라보는 것도 같은 이유다. 그의 이성 친구들이 불쾌하고 불편한 건 내 마음으로 지어놓은 세상에 그를 데려다 놓아서다. 나에게 '이성'이 사심 그득한 위험천만한 자극이면 성별에 상관없이 친구가 가능하다는 생각을 이해하지 못할 수밖에 없다.

✧

반사회성이 높은 사람일수록 세상에 도덕적인 사람보다 비도덕적인 사람들이 훨씬 많다고 믿는다는 연구 결과가 있다. 예를 들어 불륜을 저지르거나 부도덕한 만남을 거리낌 없이 해온 사람일수록 그렇지 않은 사람에 비해 세상에 보이지 않는 불륜 커플이 아주 많다고 믿는 것으로 나타났다. 뿐만 아니라 범법 행위를 일삼는 사람일수록 다른 사람도 법을 잘 지키지 않을 것이라 생각했고, 무단 횡단을 자주 하는 사람일수록 자기처럼 무단 횡단을 하는 사람이 많다고 확신했으며, 쓰레기 무단 투기를 아무렇지 않게 생각하는 사람일수록 나만 이런 짓을 자주 할 리 없다고 믿었다.

어떻게 저럴 수가 있나 싶겠지만, 정도의 차이가 있을 뿐 자기 관점에서 세상을 보는 것은 모두 매한가지다. 이를 테면 사람은 누구나 대체로 스스로를 제법 반듯하고 합리적이라고 믿는다. 그러나 살면서 남에게 단한 번도 상처를 주지 않고 살 수는 없는 법. 자신이 빚어 놓은 '긍정적인 자아상'과 현실에서 다른 사람 마음이나 아프게 하는 '찌질한 모습'이 충돌하는 순간, 꽤 많은 사람이 잘못을 인정하거나 사과하기를 꺼린다. 대신 '네가 먼저 시작했잖아', '왜 나를 화나게 만들어?', '네가 똑바로 행동했으면 이럴 일 없었어' 같은 말로 자기 행동을 정당화한다.

내 관점이 옳으므로, 나는 합리적이고 균형 잡힌 사람이므로, 내가 틀릴 가능성은 없다. 그저 나와 생각이 다른 그가 옳지 않고 비합리적이며 편향된 사람인 것이다. 물론 상황을 망친 사람, 관계를 불편하게 만든 사람이 바로 나 자신이라는 사실을 인정하는 데는 굉장한 용기가 필요하다. 내 오류를 시인하는 일은 내가 나를 공격해 다치게 하는 것과 같은 정도의 타격을 입히기에 본능적으로 꺼릴 수밖에 없다. 그래서 나 대신 상대를 나쁜 사람으로 만든다. 내 세상이 잘못되었다는 것을 받아들이는 일보다 상대의 행동이 나쁘다고 믿는 편이 훨씬 쉽고 간편하다. 선택 지각은 이토록 게으르고 뻔뻔한 인지 과정을 통해 강화된다.

거창한 말들을 잔뜩 늘어놓았으나 나는 결국 C를 이해하는 데 실패했다. 처음엔 그가 '오빠' 운운한 것은 사랑이 깊어 질투가 나서였다고, 색안경을 낀 마음들이 얼마든지 존재할 수 있음을 경계했기 때문이라고, 그래서 화를 내고 예민하게 굴었을 거라고 생각해보려 애썼다. C에게 만약 오빠라 부르는 사람이 흔했다면 나도 만만찮게 지랄발광하지 않았을까 굳이 역지사지를 해가며. 그런데 점점 이건 아닌데 싶었다. 만날수록 C의 "무슨 오빠들이 그렇게 많아"는 여러 다른 말로 변주되어 내게 화살처럼 날아왔다. 그는 알까. 내가 그 말들 때문에 상처받았다는 걸. 구태여 되갚지는 않기로 한다. 이에는 이, 눈에는 눈. 폭력에 폭력으로 응수하면 똑같은 인간이 되는 것 같아서.

능력이라는 미신

대학원생이 된 지 얼마 지나지 않아 베이징으로 학회를 갔을 때였다. 친한 동료 선생님과 둘이서 학회장을 몰래 빠져나와 동네 구경을 나갔다. 들뜬 마음에 수다를 실컷 떨어가며 신나게 걸었던 나머지 한참을 지나고서야 우리가 길을 잃었다는 걸 깨달았다. 당시엔 스마트폰이 없었고 참석자들에게 나눠준 그 지역 안내 책자는 빠져나온 학회장 책상 위에 얌전히 놓여 있었다. 그래야 딴짓하러 나온 게 안 들키니까.

"선생님, 우리 길 잃은 거 같아요. 큰일 났네, 나 중국말 못하는데."

사색이 된 나와는 다르게 선생님은 침착하게 무언가 골똘히 생각하는 모습이었다. 잠시 후 좌우를 살피는가 싶더니 그 자리에서 360도 제자리 회전을 천천히 한 뒤 이렇게 말했다.

"고은 씨, 이쪽이 북 방위예요. 그럼 학회장은 저쪽이고 이쪽으로 조금만 더 가면 전철역이나 정류장이 있을 거예요."

방금 뭘 본 걸까 얼떨떨해할 새도 없이 나는 어느새 선생님 손에 이끌려 걷고 있었다. 그렇게 걸어가니 정말로 전철역이 나왔고 우리는 세션이 다 끝나기 전에 학회장으로 무사히 돌아왔다. 나는 그 자리에서 한 바퀴 돌면 알던 길도 잃을 판인데 낯선 곳에서 방위를 직관적으로 알아내시다니. 일기장에 그 동네 구경보다 더 진귀한 구경거리가 있었다고 적은 날이었다.

✧

마치 나침반을 몸 안에 품고 있는 듯한 이런 능력은 어떻게 가능할까. 사람이 갖춘 능력에는 대부분 그럴 만한 이유가 반드시 있다.

과거 수렵 채집 생활을 하던 인간에게는 낯선 장소에서 방향을 가늠하고 본래의 출발 장소로 돌아오는 능력이 필요했을 것이다. 사냥감인 짐승을 쫓아 이리저리 방향을 바꾸며 정신없이 달리다 보면 전혀 낯선 장소에 도착해 있는 경우가 허다했을 테고, 그렇다고 사냥 중에 중간중간 멈춰 서서 지나온 길을 나무나 바위 같은 곳에 표시해놓을 수 있었을 리도 만무하다. 또 가능하다면 최단 거리로 돌아가는 것이 생존에 매우 유리하다. 그러기 위해서는 구름이 해를 가렸건 하늘에 별이 없건 자신이 어느 방향에서 왔는지 정확히 가늠할 수 있어야 한다.

그 시절에는 왔던 길을 잘 찾아 돌아가는 일이 사냥만큼 중요한 능력이지 않았을까. 사냥에는 성공했지만 그 무거운 짐승을 짊어진 채 돌아가는 길을 헤매고 또 헤매다 결국 낯선 곳에서 생을 마감할 수도 있기 때문이다.

이런 논리로, 방향감각이나 공간지각 능력 면에서 여성보다 남성(사냥을 주로 담당한 쪽)이 유능하다는 신화가 만들어졌다. 그러나 애석하게도 인간 나침반에 내비게이션 저리 가라는 내 동료 선생님은 아이를 둘 낳아 기른, 덩치가 아주 조그마한 여성이다.

어느 공간지각 능력 연구에 따르면 길을 잘 찾는 능

력에 성호르몬이 큰 영향을 미친다고 한다. 일반적으로 남성의 테스토스테론 수치가 여성에 비해 열 배 가까이 높으므로 남성에게 길치가 드물다는 논리였다. 실제로 공간지각 능력을 측정한 실험에서 남성 못지않게 유능한 모습을 보여준 여성은 테스토스테론 수치가 다른 여성에 비해 상대적으로 높았다.

물론 호르몬만 영향을 미치는 것은 아니다. 인지심리학자 크리스토프 휠셔(Christoph Hölscher) 박사에 따르면, 부모는 자녀가 걸음을 떼기 시작했을 때 여아에 비해 남아에게 훨씬 더 많은 행동 자유를 허용하며 키운다고 지적한다. 남아는 여아에 비해 경계 범위가 훨씬 넓고 더 다양한 곳에 발을 디딜 기회를 얻는데, 그렇다 보니 공간지각 능력과 자신감을 키울 기회가 애초부터 달리 주어졌으리라 보는 것이다.

그러나 '남성이 여성보다 길을 잘 찾는다'라는 전제

를 항상 참으로 받아들이는 것은 조금 곤란할 듯싶다. 의외로 내가 함께 길을 걸어본 남성들 중엔 길치가 매우 흔했다. 남성이면 응당 길을 잘 찾을 것이라는 기대가 편견에 불과하다는 것을 알려주듯 사회적으로 유능한 남성 중에 길치가 참 많았다. 어쩌다 길을 살짝 헤매게 되면 "저는 길치는 아닌데 방향이 헷갈려요"라고 했다. 그런데 방향감각 없는, 그게 길치가 아니고 뭘까.

대개 오래된 커플이거나 남녀가 섞인 무리가 걷는 모습을 유심히 살펴보면 거의 8할 정도는 남성이 앞장서 간다. 진화심리학은 이런 현상을 남성이 위험한 상황을 만날지도 모르는 선두 자리를 맡아왔기 때문으로 해설하기도 한다. 남성이 기내적인 완성에 신입할 때 첫발을 내디딜 권리를 가지고 있었다는 것이다. 하지만 산짐승의 습격이 있을 리 없고 황무지를 개척할 일도 없는 현대 사회에서 남성이 앞서 걷는 이유가 예전과 같을까.

걸음으로 여성이 남성에게 뒤처지는 오늘날의 이유는 단순히 남성의 걸음걸이 속도가 좀 더 빠르기 때문이라고 한다. 성인 남성 걸음의 평균 시속이 5.1킬로미터인데 여성은 4.5킬로미터 정도다. 연령과 건강 상태가 비슷한 남녀가 같이 길을 걸어간다고 가정했을 때 노인 남성의 경우 젊은 남성에 비해 느려도 여성보다는 빠르다. 알고 보면 남성이 앞서 걷는 이유란 나보다 걸음이 느린 옆 사람을 생각 못 하고 그냥 자신의 속도대로 마냥 걸어가기 때문인 것이다.

남성은 여성보다 목표지향적인 경향이 커서 가고자 하는 곳에 빨리 도착하려고 서둘러 걷는다는 해석도 있는데, 그 목표라는 것에는 아마도 여성에 비해 뛰어난 공간지각 능력을 지닌 사람으로 증명해보이고 싶은 마음도 포함되어 있는 것 같다. 그래서일까. 우리 주

변에는 자신이 길치라는 말을 하는 남성은 드물고, 자
신이 길을 잘 찾는다고 말하는 여성은 더욱 드물다.

✧

　생물심리학자이자 젠더 연구자인 마르쿠스 하우스
만(Markus Hausmann) 박사 연구팀은 남녀 실험 참가자
들에게 자신이 좋은 점수를 받을 가능성을 평가해보라
는 과제를 먼저 주고 공간지각 능력을 측정했다. 자신
의 능력을 과소평가한 참가자는 점수가 실제로도 많
이 낮았고 낙관적인 예측을 한 참가자는 점수가 높았
다. 그런데 자신의 실제 능력보다 비관적인 예측을 하
는 경향은 남성에 비해 여성이 확연히 높았고, 남성은
자신의 능력을 대체로 과대평가하는 것으로 나타났다.
자신의 능력을 어떻게 예측하는지는 실제로 그 능력을

발휘하는 순간에 매우 큰 영향을 미친다. 스스로 내리는 평가와 실제 능력 사이에 연관성이 크다는 것이다.

이처럼 '특정 성별에 유리하다' 같은 전제는 우리의 능력을 흔든다. 남성이 여성보다 방향감각이 뛰어나다 같은 말이 둘 모두에게 영향을 미친 것처럼. 반대의 경우도 마찬가지다. 여성보다 남성이 방향감각이 좋다는 편견은 그렇지 못한 남성들에게 불편감을 주고 수시로 위축되게 만들었을 것이다. 여성이 남성보다 공감 능력이 좋다는 오해는 여성으로 하여금 자신의 정서를 자꾸만 의심하게 하지 않았을까. 공감이 어려운 마음을 두고 혹여 나는 이기적인 사람인가 싶어 자주 자책했을 테니까.

그 옛날에도 사냥에 대한 열정이 남달랐던 여성이 분명히 있었을 것이며, 혼자서는 너무 멀리 사냥 나가기 두려워했던 남성도 생각보다 많았을 것이다. 우리가

알고 있거나 믿고 있는 능력의 차이는 어쩌면 애초에
없었던 것일 수도 있다.

비대면 사랑

아주 오랜만에 학생들을 만나 대면 강의를 했다. 거의 20개월 만인 듯하다. 코로나는 예상보다 길어졌고, 우리가 당연하게 나누었던 많은 것을 불가능하게 했다.

강의를 마친 뒤 자리를 정리하는데 학생들이 가까이와 말을 건다. 평소에는 강의실을 쏜살같이 빠져나가기 바빴을 텐데 웬일인지 나가려는 나를 붙잡아 선다. 아르바이트 시간을 조정하느라 애를 먹었다느니, 자취

방을 급히 구하느라 마땅한 집이 없어 식겁했다느니, 너무 피곤하고 힘들다느니, 저마다 하소연하듯 사정을 늘어놓는다. 말로는 징징거리지만 마주치고 있는 눈은 모두 웃는다. 아무도 미간을 찡그리지 않는다.

분명히 억울하고 힘들고 피곤하고 싫다는 이야기들을 하는데도 학생들이 애틋할 만큼 귀여웠다. 그런 응석이, 만나서 반갑고 마주하니 좋다는 기쁜 마음들로 읽혀서 그저 웃음만 나왔다. 고백하자면 비대면으로 수업하는 동안 학생들에게 받은 질문이나 의견들 때문에 마음고생을 하기도 했는데 그런 것이 눈 녹듯 사라졌다. 당연한 이야기지만, 우리는 직접 만나면 만나지 못했을 때보다 더 많은 종류의 마음을 주고받는다.

인간은 유독 부정적인 감정에 예민하게 반응한다. 모호한 정서 자극 중에서도 부정적인 마음을 알아차리는 데에는 놀라운 능력을 발휘해낸다. 생존에 유리하려면, 불안이나 공포 따위의 부정적인 정서를 기민하게 알아차릴 필요가 있기 때문이다. 나는 어쩌면 비대면 수업을 하는 동안 학생들의 '모호한' 질문이나 의견을 부정적인 쪽으로 해석했던 것은 아닐까.

✧

　사랑이란 원래 느닷없고, 인연이란 본래 알 길이 없는 법이라서 낭만적 관계는 언제 어디서든 시작될 수 있다지만 요즘처럼 비대면 만남이 흔한 시절은 없었던 것 같다. 내 주변만 봐도 SNS로 만남을 시작해 결혼으로 이어진 커플이 적지 않다. SNS의 발달은 데이트 풍경을 근본적으로 바꾸어놓았다.

　온라인 만남의 장점은 많다. 우선 관계에 문제가 될 만한 위험성들, 예컨대 폭력성이나 이질적인 취향, 예의 없음과 같은 조건들을 미리 확인해볼 수 있다는 점에서 유용하다. 어떤 상대를 실제로 만나기 전까지 불안감을 느끼는 이유는 정보가 너무 없기 때문일 수 있는데, 온라인 만남은 그런 점들을 꽤 해소해 안도감을 준다. 물리적 제약이나 공간상의 제한이 적어서 예전이라면 만날 가능성이 희박했을 사람과 연결 가능하다는 것도 큰 장점이다.

물론 단점도 분명히 있다. 내가 사랑에 빠진 그 사람의 정보가 '진실'과 거리가 멀 수도 있다. 매사추세츠공과대학교 심리학자 댄 애리얼리(Dan Ariely) 교수 연구팀은 실험 참가자들에게 온라인에 올리는 정보와 실제 자신의 정보를 비교해보도록 주문했다. 성별에 관계없이 온라인 정보와 실제 정보에 차이가 있었는데, 타인에게 꾸미거나 과장하는 정보의 종류와 범위는 남성과 여성이 각각 달랐다.

여성은 몸무게를 실제보다 적게 말하는 경향이 있었는데 20대는 약 2킬로그램, 30대는 약 7킬로그램, 40대는 8킬로그램 가량 몸무게를 줄여 공개했다.

반면 남성은 학력과 수입, 나이, 키, 결혼 여부 등 다양한 정보들을 과장하거나 거짓으로 말했다. 연구팀은 남성 데이터 가운데 적어도 15퍼센트는 기혼자이면서 미혼으로 속인 것일 수 있다고 경고했다.

실제로 온라인에서는 상대에게 보여주고 싶은 부분만 부각해 어필할 수 있다. 그럴 듯한 말들을 짜깁기해 얼마든지 지적인 사람처럼 보일 수 있고, 매사에 관대하고 유쾌한 사람처럼 포장할 수도 있다. 속 좁고 까탈스럽기가 이를 데 없는, 남에게 보이고 싶지 않은 단점을 감쪽같이 숨길 수도 있다. 내가 원하는 모습으로 얼마든지 포장할 수 있는 곳이 바로 온라인 공간이다.

✧

우리는 지독한 인지적 구두쇠(cognitive miser)라 원하는 자극으로 이끌리고 원하는 정보만 취한다. 더 다양한 자료를 검토하고 더 많은 가능성을 살피는 것은 귀찮고 피곤하고 하기 싫은 일이다. 게다가 뇌는 모호하고 애매한 상태보다 확실하고 분명한 걸 좋아한다. 예측은 서툴지만 확신은 섣부른 것이 우리 마음이라서 내가 접하는 정보가 불완전하다는 것을 인정하지 않는다. 특히 어떤 상대를 향한 마음이 간절하면 간절할수록 뇌는 불완전한 정보만으로도 확신, 더 정확히는 착각을 만들어내기 십상이다.

그러므로 모든 상황이 정해진 것처럼 놀랍도록 맞아 들어간다고 느껴질 때, 세상이 마치 그 사람을 만나기 위해 정교하게 설계된 것 같이 느껴질 때, 그때를 가장 경계해야 한다. 우리 뇌가 의심의 끈을 놓아 버리고 더 이상 노력 같은 건 하지 않겠다는 신호를 보내는 것일 수도 있기 때문이다. 그럴 때는 잠시 숨을 고르며, 스스로에게 이런 질문을 던져야 한다. 지금 내가 느끼는 사랑, 그 사람이 바로 내 사람이라는 확신에 근거는 있나? 혹시 내가 지금 너무 외롭거나 간절해서 섣부르게 판단한 건 아닐까?

✧

SNS를 통해 세 명 정도의 이성을 만났고 그중 한 사람과 결혼한 친구는, 내게 실제로 만났을 때 실망스러웠던 상대에 관한 이야기를 털어놓은 적이 있다. 깊은 관계로 발전해버린 상태였다면 돌이키기 힘들었겠다 싶어 아찔했다는 말과 함께. 온라인으로도 연인 관계는 얼마든지 깊어질 수 있어서 잘못했다간 발목이 잡혀 수습이 어려운, 아주 난처한 상황이 될 수 있다는 말도 여러 번 덧붙였다. 그렇다면 네가 결혼한 상대는 어땠는지 물어보니 친구 얼굴에 옅은 미소가 피어올랐다. 그러더니 그는 만날수록 괜찮은 면을 새록새록 발견하게 되는 사람이었다고 수줍게 입을 열었다. SNS와 실제 모습 사이에 차이가 거의 없었는데 그런 '진실성'이 확인될수록 관계는 자연스럽게 깊어졌다고도 했다. 그러면서 나더러 온라인으로는 썸만 타고 사귈지 말지는 실제로 만나본 뒤에 결정하라며 신신당부했다. 나는 소개나 좀 해주고 그런 잔소리를 하라는 생각이 들었지만 입 밖에 내진 않았다.

사랑은 내 사람이 맞는지 확인한 후에 시작하더라도 결코 늦거나 아쉽지 않다. 결정을 보류해놓은 그곳에 더 근사한 무언가가 기다리고 있을지 모를 일이다.

의심은 노력이다. 믿고 싶은 것만 믿는 것이 아니라 믿을 수밖에 없는 분명한 사실을 믿으려는, 진짜 사랑을 하겠다는 노력 말이다.

짝사랑과 스토킹의 다른 점

스위스의 심리학자이자 발달심리학의 대가인 장 피아
제(Jean Piaget)의 딸은 다섯 살 무렵에 "내가 낮잠을 자
지도 않았는데 어떻게 지금이 오후야?"라고 말했다고
한다. 얼핏 들으면 '수박을 먹으니 비로소 여름이 왔다'
같은 시적인 표현 같지만 실상은 다르다. 다섯 살 무렵
의 어린이는 낮잠을 자는 자신의 행동이 시간이 흐르
는 데 결정적인 영향을 미친다고 믿는다. 다시 말해 자

신의 낮잠이 시간의 흐름에 아무런 영향을 미치지 않
는다는 사실을 아직 이해하지 못하는 것이다.

피아제의 인지발달단계 이론에 따르면, 대략 2세에
서 6세 사이의 어린이에게는 비체계적이고 비논리적인
사고방식이 나타난다. 이 시기를 전조작기라고 하는데
사고를 조작(operation)하기 전(前)이라는 의미다.

자신을 중심으로 세상이 움직인다고 생각하는 이
무렵 어린이들에 관한 흥미로운 이야기는 무궁무진하
다. 열 밤만 자면 엄마가 온다는 이야기를 듣고 지금부
터 침대에 누워 자다 깨다를 열 번 반복하겠다고 고집
부린 네 살 아이 이야기를 들었을 땐 짠했고, "할아버
지한테도 엄마가 있어요?"라고 물었다는 다섯 살 조카
이야기는 들을 때마다 웃는다. 자신이 갖고 싶어 하는
장난감을 아빠도 당연히 갖고 싶어 할 것이라는 생각
은 이맘때 아이들에게 자연스럽다.

물론 나도 그랬다(고 한다). 우리 집이 이사하는 날은 전 세계 사람들이 모두 이사를 하는 날이냐고 묻더란다. "우리 집은 저 집으로, 저 집은 그 집으로, 그 집은 요 집으로…" 이렇게 나름의 창의적인 생각을 하는 다섯 살 전조작기의 동생에게 일곱 살 오빠는 "그럼 마지막 집은 지구 밖으로 탈출이니?"라며 웃었다.

✧

전조작기 어린이는 자기중심적(egocentric)인 관점으로 세상을 바라본다. 두 가지 이상의 차원을 동시에 고려하지 못해서 하나의 차원에 집중에 몰빈하고 세상의 모든 사람이 자신과 같은 차원에서 세상을 본다고 믿는 것이다.

테이블에 산 모양의 큼지막한 모형이 놓여있다고

가정하자. 산 모형은 어떤 위치에서 보는지에 따라 그 모양이 다르게 보인다. 나와 다른 위치에 앉은 사람은 내가 보는 산과 다른 모습의 산을 보겠지만, 다른 사람의 시선을 상상할 줄 모르면 다른 사람이 보는 산이 내가 보는 산의 모양과 다를 것이라는 생각을 하지 못하게 된다. 이는 실제로 피아제와 인헬더(Bäbel Inhelder)가 전조작기 어린이의 자기중심적 사고 패턴을 알아보기 위해 진행한 대표적인 실험이다. 이 실험에서 어린이들은 처음에는 자기가 보는 산과 타인이 보는 산의 모양이 다를 수 있음을 인지하지 못하다가 점차 사고가 확장되면서 다른 사람의 관점을 이해하게 됐다. 즉, 사람은 성장하며 다른 사람의 마음도 인지할 수 있게 됨을 증명한 것이다.

어린이의 이런 자기중심성은 성장하는 과정에서 나타나는 아주 자연스러운 모습이다. 다른 사람의 입장이

나 생각을 받아들이는 데 아직은 어려움을 느끼다 보
니 다소 엉뚱한 말과 행동을 하지만 우리는 어린이의
이런 모습을 비난하거나 조롱하지 않는다. 오히려 맑은
웃음을 짓게 된다. 누구나 어린이일 때가 있었음을, 그
런 시기를 거쳐 비로소 지금이 있음을 알기 때문이다.

◇

　언젠가 짝사랑과 스토킹 행위가 어떻게 다르냐는
질문을 받은 적이 있다. 요즘은 데이트 폭력, 이별 스토
킹 같은 말들 때문에 예전 같은 낭만이 없어진 것 같단
다. 예전 같은 낭만인즉, 좋아하는 사람 집 앞에서 꽃을
들고 무작정 기다린다거나 사랑을 쟁취하기 위해 몇
날 며칠 쫓아다니는 행동 등을 의미한다고 친절히 덧
붙여주기까지 하면서.

　공통점은 있다. 한 사람은 상대방에게 매력과 욕망 그리고 필요를 느끼지만 상대는 그렇지 않다는 것. 나는 네가 좋은데 너도 나를 좋아할 수 없겠느냐고 상대를 초대했으나 거절당한 상태이거나 혹은 아예 초대하지 못한 경우라고 할 수 있다.

　그러나 둘은 분명 다르다. 짝사랑은 자기중심적인 사고에서 비롯된 마음이라고 보기 어렵다. 마음의 중심이 상대방, 즉 사랑하는 대상에게 있다. 그러므로 고백을 못 하거나, 상대에게 거절 의사를 받은 후에 더 이상 접근하지 못한다. 상대가 나로 인해 곤란할까 봐, 행여나 힘들어할까 봐, 내가 이 사람을 아프게 하는 사람이 될까 봐, 염려스러운 것이며 차마 그럴 수는 없기 때문이다. 짝사랑에 힘들어본 사람은 알 것이다. 내 사랑의 욕구보다 상대방이 아프지 않은 것을 더 중요하게 생각한다는 걸. 그래서 짝사랑은 사랑이다.

반면에 스토킹 행위나 데이트 폭력은 상대의 마음 따위는 아랑곳없는 자기중심적 사고에서 비롯된다. 내가 사랑한다는데, 내가 보겠다는데, 내가 원한다는데, 뭐가 더 필요하며, 무엇이 문제냐는 식이다. 내가 낮잠을 자고 일어났는데 왜 다음 날이 아니냐고 화를 내는 것과 다를 바 없다. 또 나름의 방식으로 화를 표출한다. 어떤 사람은 물리적인 폭력으로, 또 어떤 사람은 간접적인 협박이나 회유로.

누군가를 열렬히 좋아해 사랑에 빠지는 건 건강한 마음이다. 열정적인 마음은 우리가 살아 있다는 증거이기도 하다. 하지만 우리는 자신에게 물어야 한다. 내 사랑은 혹은 내가 바라는 사랑은 누구를 위해 짓이겨 버리를 상하고 있는가. 내가 하는 이 행위를, 이 마음을 사랑이라 부를 수 있을까.

❖

정초에 엄마 손에 이끌려 고즈넉한 절에 갔다. 사찰 이곳저곳을 돌아보다 명부전이라는 법당이 있어 들어갔다. 엄마 말씀으론 명부전은 지장보살님을 본존으로 하여 염라대왕과 시왕[十王]을 모신 법당이라고 한다. 내 눈에 들어온 건 염라대왕이 들고 계신 책, 말로만 듣던 '치부책'이었다.

"엄마, 유부남을 짝사랑한 일도 염라대왕의 치부책에 적히려나요?"

내가 밑도 끝도 없이 물으니 엄마 또한 다른 얘기 하나 없이 이렇게 물으신다.

"연애했데?"

"안 했지. 짝사랑이라니까."

"그럼 안 적히지 않을까."

"그러려나? 근데 엄마, 연애하면 안 돼? 예전에 어떤 드라마 보니까 '사랑에 빠진 게 죄는 아니잖아!'라고 난리치던데?"

"사랑에 빠질 수야 있지. 세상에 괜찮은 사람이 좀 많나. 문제는 그 사랑을 어떻게 하느냐겠지. 죄 여부는 거기서 갈리는 것 아닐까. 원하는 마음도 죄가 된다 싶어 속히 마음을 접는 것도, 빨리 잊는 것도 사랑을 다루는 방법이잖아. 그것도 사랑이니까 사랑은 죄가 아닐 거야."

4장

인간다움, 사랑의 또 다른 이름

높은 마음

퇴근길에 엘리베이터 앞에서 아는 교수님과 마주쳤다.
원피스 정장과 핸드백에 어울리지 않는 실내화, 그것도
아주 많이 낡은 슬리퍼를 신고 계셨다. 축 늘어진 어깨
를 보아하니 하루 일이 고단해 갈아 신고 나온다는 걸
깜박하셨구나 싶었다.

"교수님, 구두는 차에 두셨나 봐요."

멀리 갔다 돌아오실 게 빤해 그 일은 막아야겠다 싶

어 에둘러 말씀드렸다.

"어머, 내가 또 이러네. 먼저 내려가세요."

웃으며 인사하시고 다시 어두운 복도를 걸으신다. '저도 자주 그래요' 하고 속으로 말했다.

나는 석사 과정 때, 지도 교수님 연구실에서 미팅하고 나가면서 불을 끄고 문을 닫아버린 학생으로 유명했다. 평소 방을 나오면서 하던 습관이 자연스레 나와버린 것이다. 불을 끄고 문을 닫는 건 내게 자동 처리(automatic process)된 행동이다. 남친과 전화를 끊으면서 "네 알겠습니다, 교수님"이라고 한 적도 많았다. 남친을 교수님처럼 존경해서가 아니다. 내 자아가 고갈(ego depletion)된 탓이었다.

우리가 눕고 싶다고 해서 아무 데서나 드러눕지 않고, 마음에 들지 않는 사람에게 다짜고짜 욕을 하거나 주먹질하지 않는 건 그런 행동을 하면 안 된다는 것을 알게 하는 마음이 발휘되는 덕분이다. 우리에게는 집중해서 관심을 기울일 수 있는 주의력, 행동을 조절하고 제어 가능한 절제력, 어떤 생각을 꿋꿋하게 유지할 수 있게 하는 통제력이나 의지력과 같은 소위 '높은 마음'들이 있다.

하지만 인간의 인지 자원은 무한하지 않으며, 힘이라는 것이 늘 그렇게 충분할 수는 없다. 자아가 고갈되어 한계에 부딪치면 당연히 마음의 힘도 달리게 된다. 그러면 나도 모르는 사이 어이없는 행동을 한다. 주의를 기울이지 않아도 되는 행동들, 예컨대 무심결에 행하는 습관이나 자동 처리되는 반응들을 나도 모르게 해버리는 것이다.

약속 장소로 가야 하는데 평소 습관대로 걷다가 먼 길을 돌아 결국은 제시간에 못 닿는 때도 있고, 사물함 열쇠 구멍에 자동차 키를 들이대다 화들짝 놀라는 날도 있다. 개찰구에서 꺼낸 카드가 주민등록증이어서 인식이 안 된 건데, 애먼 카드 인식기를 탓하려던 장면은 부디 아무도 못 봤으면 한다.

✧

생각해보면 우리는 무언가를 힘들여 이루는 때보다 대충대충 '될 대로 돼라'는 마음으로 사는 순간이 훨씬 많다. 깊은 생각은 피로를 부르고 신중한 판단은 귀찮은 일이라서 그럭저럭 가장 편한 방식으로 생각하고 행동하는 것이다. 그러다 보면 결국엔 인지 자원의 고갈 여부와는 상관없이 안일한 마음들, 예를 들어 편견과 고정관념, 자기중심적 편향 같은 것들이 습관으로 자리한다.

미국 스탠퍼드대학교 심리학과 에밀리 프로닌(Emily

Pronin) 교수 연구진은 실험에 참가한 대학생들에게 자기 자신을 얼마나 잘 아는지, 또 가장 친한 친구에 관해서는 얼마나 잘 아는지 평가해보라고 주문했다.

　놀랍게도 전체 실험 참가자의 60퍼센트 이상이 '나는 나를 잘 알고 있고 가까운 친구의 내면에 관한 지식 역시 많다'고 답했다. 흥미롭게도 친한 친구 역시 그렇게 생각하고 있었다. 이들은 친구가 내 마음을 잘 안다고 생각하기보다 내가 친구를 잘 파악하고 있다고 믿었으며 그에 반해 상대방이 나를 잘 알 거라는 믿음은 별로 없는 것으로 드러났다.

　다른 사람은 나를 잘 모르지만 나는 다른 사람을 많이 알고 있다고 생각하는 이런 마음을 '비대칭적 통찰의 착각(illusion of asymmetric insight)이라고 부른다. 이는 내가 상대방보다 더 넓게 사고를 할 줄 알기 때문에 당연히 더 많은 내면 지식을 가졌다고 여기는 자기중심적인 마음이다.

그런데 재밌는 것은 다른 사람이 나를 잘 모른다고 생각하면서도 그가 나를 인식하거나 이해하는 방식이 마음에 들지 않으면 상당히 불쾌해한다. 상대가 나를 제대로 알 리 없다 믿으면서 동시에 정확히 이해해주기를 바라는 것이다. "네가 알긴 뭘 알아!"와 "그걸 꼭 말로 해야 알아?"는 대개 한 사람의 대사다.

부정하고 싶겠지만 우리는 나와 가장 가까운 사람을, 내게 가장 따뜻한 연인을 만만하게 보는 마음에 이르기도 한다. 특히나 내가 이 사람에게 정성을 기울이지 않아도 될 거란 안일함은 상대방의 마음이 내 손안에 있다는 생각, 더 정확히는 상대방의 생각이나 성향을 내가 잘 알고 있다는 착각에서 비롯된다.

힘든 일로 마음이 무겁고 언짢기라도 하면 가까운 사람에게 괜한 짜증을 부린다. 편한 상대에겐 특히 마음 놓고 무심하게 행동한다. 내게 편한 사람이 되어준 그 마음이 얼마나 귀한 줄도 모르고 습관처럼 무례한 날을 산다. 별로 중요하지 않은 곳에서 상처를 받고 정말 소중한 존재들에게 상처를 주는 삶을 사는 것이다.

하지만 쉬워지는 마음은 능력이 아니라 폭력이다. 상대를 소유했다는 느낌으로 얻는 쾌감을 사랑으로 잘못 아는 경우가 많고, 상대의 마음을 독점했다는 착각은 사랑하는 방법을 잊어버리게 한다.

◆

미국의 심리학자 로이 바우마이스터(Roy F. Baumeister)는 어떤 상황에서도 정돈된 말과 행동을 하는 사람에게는 '높은 마음'이 기본 값으로 세팅되어 있다고 했다. 또한 높은 마음이 익숙한 사람은 그렇지 않은 사람에 비해 신체적으로나 심리적으로 건강하고, 각종 사고나 중독 문제를 비롯해 여러 범죄를 덜 저지른다는 연구 결과도 있다.

애초에 높은 마음의 소유자로 타고난 사람도 분명 존재하겠으나, 그런 사람은 그리 많지 않다. 우리 대부분은 이런 마음을 갈고닦아 체화하고 배워 익혀야 한다. 어떤 학자들은 더 성숙한 사람이 되기 위해서, 즉 인간다워지기 위해서 높은 마음들이 '자동 처리'될 때까지 노력하기를 권한다. 이건 노력한다면 누구에게나 가능하다는 뜻이다.

뻔한 소리처럼 들릴 위험을 감수하고 한마디 덧붙이자면, 인간다운 삶을 살고 인간다운 사랑을 하기 위해서는 반드시 '노력'이 필요하다. 어쩌면 귀찮고 번거롭고 따분한 일일 수 있다. 그냥 되는 대로 살고 싶은데 굳이 애쓰며 살아야 하니 말이다. 그러나 애쓰시 않으면 우리는 또 습관처럼 무례하게, 자기중심적으로 생각하며 살게 될 수도 있다. 노력을 잃으면 사랑도 잃게 된다. 사랑다운 사랑을 하는 길은 결코 쉽지 않다는 걸, 인정하고 받아들여야 한다.

대단할 것 없이 상대방이 들고 있는 짐을 당연한 듯 나누어 들고, 까무룩 잠든 옆 사람을 위해 볼륨을 줄여주며, 느린 걸음에 내 속도를 늦추어 발걸음을 맞추는 그런 사소한 노력부터 점검하는 것이다. 상대가 나를 위해 노력하는 그 마음을 제대로 알아보는 일도 잊지 않아야겠고.

변할 수 없이 여전할 것만 같아도 나아지고 갖춰지는 것이 우리의 미움이다. 부지불식간에 하게 되는 말이나 행동조차도 상대를 배려하고 존중하는 마음이 고스란히 드러나는 사람일 수 있을까. 자아가 고갈되는 어느 순간이 와도 중요한 마음을 놓치지 않는 사람으로 나와 내 곁을 지킬 수 있다면 좋겠다. 그리하여 내 마음 높은 곳에 누군가가 편안하게 마음을 내려놓을 수 있다면 이것이 '사랑'이라 해도 모자람이 없을 것 같다.

우정의 영향력

강의를 듣는 학생들에게 내가 쓴 책을 권한다는 건 상상만 해도 민망했다. 그러다 어느 해 봄 학기에 '과학으로서의 심리학'이라는 과목을 가르치게 됐는데, 내용이 어렵고 접근이 쉽지 않았는지 학기가 시작되고 2주 후부터 학생들이 메일을 보내기 시작했다. 심리학에 쉽게 접근할 수 있는 책을 좀 추천해달라는 내용이었다. 강의에 더 신경을 쓰면 괜찮지 않을까 싶었지만, 학생들의 요청이 많고 꽤 진지해 고민이 깊어졌다.

《마음 실험실》을 읽히면 정말 좋겠는데, 내 입으로 내 책 읽으라고 말하긴 민망하고 어떡하면 좋을까 싶었다. 그러다 결국에 학생들에게 권하기로 마음을 굳힌 건 오빠의 권유 덕이었다.

오빠는 학부 시절, 당신이 쓰신 책의 독후감을 과제로 내주셨던 교양 수업 교수님을 기억한다고 했다. 스무 살에 열심히 읽었던 그 책은 지금껏 '인생 책'이 되어 아직도 아낀다는 말도 덧붙였다. 교수님도, 강의도, 공부도 모두 좋아하게 만들어준 그 소중한 경험을 얘기할 때 살짝 눈빛이 아련해지기도 했는데 내 학생들에게도 그런 기회를 주는 것이 어떻겠냐고 권했다. 자기 같은 학생이 단 한 명만 생겨도 보람된 일 아니겠냐고…. 나는 오빠의 말에 용기를 얻어 그러기로 했다.

누군가에겐 그저 꾸역꾸역해야 하는 과제에 불과하

겠지만 단 한 사람에게라도 좋은 경험이라면 그것으로 족하다 싶은 마음이었다. 그런 내게 예상 밖의 호응은 낯설었지만 기뻤다. 저자인 나를 좋아하게 됐다는 메일부터 심리학과를 선택하길 잘 한 것 같다는 쪽지, 다음 책을 기다리겠다는 고마운 메시지까지. 덕분에 그해 봄은 밝고 따뜻했다.

✧

그러던 어느 날, 과제 제출 기한이 얼마 남지 않았을 무렵 한 학생에게서 메일이 도착했다. 내용인즉슨, 근처 도서관에서 책을 대출하려는데 모두 대출 중이라 실패했으니 책의 원본 파일을 보내달라는 요청이었다. 책을 구할 수 없는 이 상황이 몹시 짜증난다는 태도가 메일에 잔뜩 배어 있었다.

나는 종이 한 장 끼워 넣을 틈 없이 마음이 비좁아 졌고 신중히 처신하지 않으면 아주 큰 실수를 할 것만 같았다. 내 마음은 말 그대로 차갑게 식었다. 두통이 몰려오는 것 같아 심호흡을 했다. 그러고선 마음을 기대고 사는 친한 동료 선생님께 볼멘소리를 섞어 메시지를 보냈다. 선생님은 속상했겠다며 내 마음을 달래주시곤 이렇게 말씀하셨다.

"고은 씨, 이 학생한테 책 한 권 선물합시다. 어리고 부족한 마음을 잘 쓰다듬고 다독여 훗날 세상을 반듯하게 살도록 해줍시다. 따뜻한 사람들의 훌륭한 마음이 세상을 이끌고 있다는 걸 고은 씨가 학생에게 가르쳐 주세요."

얼음장같이 차가워진 심장에 뜨듯한 더운물이 끼얹어지는 것 같았다. 따뜻한 사람들의 훌륭한 마음이 세상을 이끌고 있음을, 내가 깊게 배워 깨닫는 순간이었다.

✧

선생님을 생각하면 떠오르는 귀한 순간들이 별처럼 많다. 여러 사람이 함께 지내는 곳에선 별의별 일이 다 생기기 마련인데 한 5년 전쯤 나는 어떤 복잡한 일에 휘말려 누명을 자처하게 됐었다.

"밥 먹어요, 고은 씨. 잊어버려요. 고은 씨가 어떤 사람인지, 어떤 마음으로 세상을 살아가는지 내가 잘 알아요."

그날 나를 억울케 했던 사건의 전말은 또렷하게 기억나지 않는다. 무엇이 그토록 마음을 힘들게 했는지도 가물가물하다. 마른침을 삼키며 울음을 짓누르다 돌연 후련해진 듯 수저를 들어 밥 한술 떠먹었던 것만 기억난다. 이 세상에 내 편이 되어주는 단 한 사람만 있어도 생을 쉽게 포기하지 않는다는 말을 피부로 느끼던 날.

내 곁에는 이 선생님, 고마운 내 친구가 있었다.

인간이 주변 사람의 영향을 받는다는 건 굳이 되짚지 않아도 널리 알려진 상식이지만 '사랑하는 사람'이 주는 영향력은 예상보다 크다. 함께 시간을 보내는 사람을 좋아하는 정도가 혈압과 면역세포에 강력한 영향을 끼친다는 연구 결과도 있고, 친구가 있으면 스트레스 반응이 줄어들며 직면한 문제에 수월히 맞설 수 있다는 연구도 있다. 사회적으로 지지받아온 사람의 수명은 그렇지 못했던 사람보다 길다. 인간에게 우정은 있으면 좋은 것에 그치는 것이 아니라 반드시 있어야 하는, 생존에 결정적인 마음이다.

가까운 친구에게 일어나는 변화가 우리 미래에도 비슷한 변화를 일으킨다는 연구 결과를 보면, 우정의 힘을 구체적으로 체감할 수 있다. 예를 들어 우리가 미래에 행복하거나 우울하거나 건강하거나 아플 확률은

가까운 친구에게 일어나는 유사한 변화들과 강한 상관
관계가 있다고 한다. 내 친구가 행복해야 나도 행복하
고 내 친구가 건강해야 나도 건강하다. 그리고 역으로
내가 행복하고 건강하면 내 친구도 건강하고 행복하다.
우리는 우정을 통해 사랑을 배우고, 함께 사랑하며 살
아가는 존재다.

◇

마지막 제출자의 기말고사 답안지를 봉투에 담는
동안 뒤통수가 간질거렸다. 강의실을 나서는데 낯선 그
림자가 쭈뼛거리며 뒤따라왔다. 바로 책의 원본 파일을
요구한 그 학생이란 걸 금방 알아차렸다.
　며칠 전 이 학생은 내게 특이한 독후감을 보내왔었
다. 우선 분량이 엄청났다. 게다가 내용은 마치 '이고은 전기' 같았는데 살면서 이런 서평을 받아보는 저자는 유일무이하지 않을까 하며 혼자 웃었다. 나름은 겸연쩍고 미안한 마음을 최선을 다해 전하고 싶었으리라.

마음이 여전히 좀 그랬는지 학생은 그날 나를 붙잡아 중언부언 긴말을 웅얼거렸다. 무슨 말을 해야 할까 잠시 고민하다가 이내 아무 일도 아니었다는 듯이 "한 학기 동안 고생 많았어요. 방학 잘 보내요"라고만 했다. 안심하는 눈빛을 읽었다.

그 학생에게 내가 사나운 시선을 갖지 않았던 것도, 뒤틀린 마음을 저만치 밀어낼 수 있었던 것도, 나를 아껴주신 선생님의 마음 덕분이었다. '그 친구' 혹은 '그 사람'이라 칭하기에 죄송스러울 만큼 나와 선생님은 나이 차가 크다. 어떻게 고은이 누나와 엄마가 친구 사이일 수 있냐고 물어보던 선생님의 어린 아들이, 이제는 우정에 나이 차가 중요하지 않다는 것을 이해할 만큼 세월이 흘렀다. 나는 여전히 이따금 그분을 떠올리며 생각한다. 내가 제대로 살고는 있는지, 나는 당신께 사랑받을 자격은 있는지, 그리고 나 또한 당신처럼 타인에게 기꺼이 먼저 따뜻할 수 있는지를. 그럴 때면 지친 다리에 다시금 힘이 생긴다. 살면서 무릎이 꺾이는 어두운 순간이 찾아들 때면, 그 순간에조차 망설임 없이 더 따뜻한 사람이 될 수 있기를. 친구가 선사해준 값진 선물을 언제나 기억할 것이다.

경험의 각인, 섬광기억

그해 9월 11일에는 미국 뉴욕의 110층짜리 세계무역센터 쌍둥이 빌딩과 워싱턴의 국방부 건물이 테러로 공격받았다. 3천 명에 가까운 사망자와 6천여 명의 부상자가 발생한 끔찍한 사건이었다. 나는 당시 고등학생이었는데, 그 시절 영어 수업을 해주시던 원어민 선생님의 풀네임은 가물가물하지만 '오사마 빈 라덴'이나 '알카에다' 같은 단어들은 아직도 선명히 기억한다.

섬광기억(flashbulb memory)은 사진처럼 아주 선명한 기억의 한 형태다. 너무나 강렬해서 마치 사진을 찍어 저장해놓은 듯 뚜렷하게 떠오르는 기억이라 '섬광'이라는 표현을 쓴다.

사람들은 9.11 테러나 세월호 참사 같은 충격적인 사회적 사건이나 자동차 사고가 나던 당시, 아기가 태어나던 순간처럼 개인적으로 중차대한 경험을 섬광처럼 기억한다. 당시의 강렬했던 정서가 특정 경험을 생생하고 선명하게 회상하도록 돕기 때문이다.

많은 사람들이 공통되게 가졌을 9.11에 대한 섬광기억은 속보 화면으로 본 빌딩과 첫 번째 비행기의 충돌 장면, 당시에 입었던 옷이나 나눈 대화, 주변의 냄새들로 버무려진 영상일 것이다. 내게는 그런 기억 말고도 특별히 간직한 한 장의 사진이 더 있다.

✧

겨울방학이 가까워오던 그해 늦가을에는 학교에서 축제가 열렸다. 어둠이 깔리자 운동장에 설치한 무대 위에선 축제 시작을 알리는 경쾌한 음악이 흘러나왔다. 웅성거리는 사람들 틈을 빠져나와 시화전이 열리는 본관 1층 복도를 서성이다가 어느 액자 앞에서 걸음이 멈춰졌다.

제목은 〈9.11〉. 연기를 내뿜는 쌍둥이 빌딩 스케치가 배경이었던 시화였는데 시의 마지막 연은 이랬다.

'이름도 얼굴도 알 수 없는 사람들이지만 / 누구나 이토록 마음이 아픈 건 / 우리 모두에게 사랑이 있기 때문이다.'

머리카락이 쭈뼛 섰다. 흔한 동정이나 공감이 아닌 슬픔이나 분노도 아닌 '사랑'이라니. 순식간에 정적이 깔리고 내 심장 소리가 복도를 덮었다.

나는 '사랑'인 줄 몰랐다. 어째서 모르는 누군가로 인해 마음이 아프고 그를 위해 기도를 하게 되는지, 한 번도 본 적 없는 사람을 왜 진심으로 응원하게 되는지, 살면서 문득 가슴 따뜻해지는 순간을 만나게 되는 이유는 무엇인지, 그 마음들이 사랑 덕분에 가능하다는 것을 그때까지 몰랐다. 그러다 '우리는 서로 사랑하며 살고 있음'을, '사랑이 사람을 살게 한다는 것'을 그 순간 불현듯 알았던 것 같다. 내가 '사랑'이라는 단어를 읽거나 떠올리면 가장 먼저 생각나는 기억은 열일곱 살의 이 장면이다. 아직도 어딘가의 안타까운 소식에 마음이 아프거나 누군가의 선의에 감동을 받을 때면 그때 그 어둑해지던 복도의 서늘함과 학교 냄새가

코끝에 스친다.

  섬광기억이 일반적인 기억들과 조금 다른 이유는 기억을 이루는 재료가 독특하기 때문이다. 더 정확히는 충격적인 사건을 겪으면 우리 뇌는 그 경험을 각인하기 위해 당시 느낀 정서와 감각 들을 마치 봉인하듯 함께 기억한다. 그래서 섬광기억에는 빛과 온도, 냄새 같은 그때의 정서를 다시 불러올 수 있는 독특한 감각들이 꽤 생생하게 동반되는 것이다.

✧

  기억의 본질은 '주관성'이다. 객관적 사실이 어떠했든 내가 간직하기 가장 석합한 형태로 그 경험을 보관하는 일이 바로 기억이다. 마치 방금 본 일처럼 생생하게 그려지는 섬광기억도 완전히 정확하다고는 할 수 없다. 연구에 따르면 섬광기억도 엄밀하다거나 객관적이지 못한 건 다른 기억과 매한가지다. 섬광기억은 인생에서 꽤 중요한 사건을 담고 있기에 다른 기억에 비해 자주 회상하게 되는데, 그렇다 보니 이 기억이 왜곡되었다거나 잘못되었을 수 있음을 의심하지 않는다. 하지만 기억을 자주 떠올린다고 해서 그것이 '정확성'이나 '객관성'을 담보하는 것은 결코 아니다.

섬광기억에 관한 연구는 대부분 부정적인 사건에 집중하는 편이지만, 긍정적인 사건도 놀라우리만치 선명한 섬광기억을 만든다고 한다. 섬광기억은 우리에게 '다시는 이런 일을 겪지 마. 너에게 너무 심한 스트레스야. 정말 위험하니까 비슷한 상황만 오더라도 지체 말고 알아차려야 해'라는 경고의 메시지를 보내는 동시에 '이 순간을 잊지 마. 살아도 돼. 네가 얼마나 사랑받는지, 이곳이 얼마나 살 만한 곳인지 자꾸 생각해'라는 희망의 메시지를 주는 것이다.

　내게도 섬광기억의 두 가지 기능을 동시에 맛본 기억이 있다. 처음 연애를 할 때 '미니홈피'라는 게 유행했다. 그날은 남자 친구가 내 노트북으로 자기 미니홈피에 접속을 했다가 그만 로그아웃을 안 하고 자리를 떴었다. 무심코 노트북을 들여다보다가 판도라의 상자가 열려 있다는 걸 알게 되었고 나는 망설이다 결국 보고 말았다. 비공개 폴더 속에 담긴 전 여친과의 다정한 사진을. 이런 느낌은 정말 처음이었다. 비논리적인 억울함이 솟아오르고 설명할 수 없는 질투가 일었다. 끝내 모른 척하긴 했지만 가끔 이 사람에게 섭섭할 땐 '그 여친한테는 이렇게까지 화 안 냈지?'라는 생각이 나도 모르는 사이 고개를 치켜들곤 했다.

　이후로 이 사람과는 행복한 추억을 많이도 만들었는데 어째서 내 머릿속에 떠오르는 첫 번째 장면은 나

와 찍은 사진이 아니라 그때 몰래 본 전 여친의 사진인
지 모르겠다. 아직도 충격과 상처인 모양이다. 그날 마
신 헤이즐넛 커피는 아직도 좀 꺼린다. 냄새도 싫다.

물론 상처가 되는 기억만 남아 있는 건 아니다. 처
음 고백을 받던 날, 이 사람이 준 짧지만 강렬한 편지를
여전히 외운다. 내 미니홈피 방명록에 비밀 글로 남겨
준 고백 한 페이지가 사진처럼 남아 있다. 그래서 마치
보고 읽는 듯 그 편지를 읊조릴 수 있다. 하필 이 사람
은 글을 잘 쓰는 사람이라서 '사랑한다', '좋아한다'는
말 한마디 없었지만 여태 받아본 고백의 글 중 그게 으
뜸이다. 그 글을 읽을 때의 떨림을, 그날의 날씨를, 창
으로 들어오던 햇살을, 입고 있던 옷에 묻은 눈물 자국
을 잊지 않고 있다.

품위 있게 마음을 접는 법

~~~~~~~~~~~~~~~~~~~~~~~~~~~~~~~~~

오래전부터 친하게 지내던 후배가 오랜만에 내게 걸음을 했다. 커피포트에 찻물을 올리고 쿠키 상자를 꺼내 접시에 몇 개 담아내는 동안 어색한 침묵이 흘렀다. 평소 같으면 그 틈에 재밌는 말로 나를 몇 번이나 웃겼을 사람인데 이상하다 싶었다. 이 친구 마음에 무언가 근심이 깃들어 있음을 알 것 같았다.

"선배는 별일 없으세요?"

"좋아한다는 그 사람이랑 잘 안 됐구나?"

문득 떠오르는 생각을 거를 새도 없이 말해버렸다.

"선배는 여전히 귀신이세요. 신기해."

후배가 소리 없이 웃는다. 후배는 제법 긴 시간 짝
사랑만 했던 것으로 알고 있다. 그러다 최근에 용기 내
어 세 번쯤 더 대시했지만 상대는 일관되게 차갑고 단
호하단다.

"마음을 접어야 할 것 같아."

"저는 그 사람에게 왜 안 되는지 이해가 안 돼요."

"될 거라는 생각은 일방적인 생각이니까. 이기적인
판단일 수 있지."

"저는 그 사람 많이 좋아해요. 사랑이에요."

"그래, 그런데 사랑이려면 여기서 접는 게 맞아."

사랑이면 내 마음만큼 상대방의 마음도 존중할 수
있어야 하는 것 아닐까. 울고 있는 후배가 안타깝긴 하

지만 상대를 좋아하는 내 마음이 중요하면 나를 거부
하는 상대의 마음 또한 중요하다. 상대방을 좋아하는
'내 마음'은 나에게는 애틋하고 안타까울지 몰라도 그
것이 상대에게도 그래야 하는 것은 아니다.

◇

　사회적 동물인 인간에게 타인과 관계 맺기는 매우
중요한 일이다. 너무 중요하다 보니 힘들어지기도 하고
예상치 못한 여러 어려움도 따른다. 성공적인 관계 맺
기를 위해서는 상대방의 반응을 주의 깊게 살필 수 있
는 시스템이 필요하다. 혹여 자신을 거부하거나 배제할
가능성을 섬세하게 파악하는 능력은 상당한 수준의 정
성과 관심에 이르는 인지능력을 요구한다.
　"괜찮아질 수 있겠죠?"

"또 다른 사랑이 올 수 있도록 천천히 마음을 비워 둬. 나중에 그때 내가 왜 그랬는지 모르겠다는 소리나 하지 말고."

누군가에게 거절당해 마음이 무너져보거나 다가오는 마음이 거북해 가시를 세워본 경험은 흔하고 많다. 있는 힘껏 이성적이고 현명한 척했지만 후배에게 한 말은 나 자신에게 하는 말이기도 했다. 마음을 받아주지 않던 사람 때문에 긴긴날을 울어본 경험은 내게도 있다. 상대가 나를 허용하지 않는 이유를 쉽게 받아들이는 사람은 없다. '그 사람이 내 마음을 받아주지 않는다'는 생각만 할 뿐, '내가 그 사람의 거절을 묵살하고 있다'는 생각은 못 하는 게 절박하고 간절한 우리 마음이니까.

거절을 무시하는 태도는 상대에게 폭력일 수 있다. 후배는 다행히 이 사실을 잘 이해하는 것 같았다. 자존심이 얼마나 상하고 아팠을까. 차갑고 단호했던 내 말에 상처가 더해지진 않았을까 내내 마음이 쓰인다. 머지않아 유일한 마음을 내어줄 누군가에게 애틋한 사랑이 되어 있기를 바란다. 사람을 아낄 줄 알고 배려심이 깊은 이 친구의 진가가 그 누군가의 레이더망에 어서 걸리기를 간절히 기도했다.

◇

한두 해 전 오디션 프로그램 〈싱어게인〉을 꽤 즐겨 봤다. 한때 유명했으나 이제는 인기가 식었거나 긴 세월을 무명으로 보낸 가수들이 무대에 선다는 점이 좋았다. 반가운 얼굴도 볼 수 있고 잊었던 노래를 다시 듣게 된 것도 기뻤지만 그들이 보여주는 누적된 노력의 내공이 내겐 꽤 감동으로 다가왔다. '아무리 무명이어도 역시 가수는 가수구나.' 모든 무대에 감탄이 절로 났다.

참가자들 중에 유독 내 마음을 끌었던 사람이 있었는데, 그의 유난히 능숙하고 흠 없는 기술이 인상적이었다. 어떤 노련함은 숱한 세월 동안 고생한 흔적을 담기 마련이라 오히려 보는 사람의 마음을 아프게 하는데, 이 참가자가 그랬다. 자기 진가를 몰라주는 사람들 앞에서 꿋꿋이 지탱한 시간이 얼마나 지난했을지, 그럼에도 스스로를 믿고 버틴 세월이 곧 지금의 자신을 만들었음을 정직하게 보여주는, 49호 가수였다. 그는 그날 무대에 서서 담담히 자신다운 말을 했다. 그가 했던 말은 정확하진 않지만 대략 이런 내용을 담고 있었다.

"저는 오늘 이 무대가 마지막인 것을 압니다. 어머니가 그러셨습니다. 20년 해도 안 되는 거면 네 것이 아니지 않겠냐고요. 이번 무대도 최선을 다하겠습니다."

옷소매로 눈물을 연신 찍어내면서 49호 가수의 노

련하고 의연한 마지막 무대를 보았다. 한 음절, 한 음정도 어긋남 없이 정확히 '네가 못난 것이 아니라 너를 모르는 세상에 그만 상처받았으면 하는 어미의 아픈 마음'을 헤아리듯 노래했다. 그의 무대로 나는 형언하기 힘들 정도의 감동을 받았다.

그는 그의 예상대로 다음 라운드에 진출하지 못하고 탈락했다. 무대가 끝날 때 지은 표정도, 심사평을 들으며 보인 반응도 한결같이 평온해보였다. 후회 없이 임했다는 듯한 그의 담담한 모습을 나는 오랫동안 잊지 못할 것 같다.

어떤 매력에 이끌려 열정적으로 움직인 내 마음을 잘못된 판단이나 어리석은 선택으로 해석하고 싶은 사람은 없을 것이다. 다만 우리는 그저 서로에게 적합하지 않고 그래서 인연이 없을 뿐이라는 그런 지혜도 발휘할 수 있어야 한다. 그 사람이나 그 세상이 내게 유일한 열정의 대상이진 않을 테니까.

끝일 것 같은 어느 지점도 끝은 아니다. 심장을 뛰게 해줄 그 무엇이 더는 없을 것 같아도 뒤돌아 반짝였던 시절 하나 가졌음을 깨닫는 날이 선물처럼 올 것이다. 내가 열고 들어온 문으로 다시 단정히 문을 닫고 나갈 수 있는 품위 있는 마음이면 된다. 내가 열었던 문이 출구임을 아는 안목이 진짜 입구를 다시 알아보게 할 것이므로.

참고문헌

1장

이남석 (2016) 인지편향사전. 옥당(북커스베르겐).

Eastwick PW, Finkel EJ, & Eagly AH. (2011) When and why do ideal partner preferences affect the process of initiating and maintaining romantic relationships?. *Journal of personality and social psychology, 101*(5), 1012-1032.

Eskreis-Winkler L, Fishbach A, & Duckworth AL. (2018) Dear Abby: Should I give advice or receive it?. *Psychological science, 29*(11), 1797-1806.

Lehrer J. (2016) "*A Book About Love*". Simon and Schuster.

Miller G, & Geher G. (2008) "*Mating Intelligence: Sex, Relationships, and the Mind's Reproductive System*". Psychology Press.

2장

김문수, 박소현 역 (2020) 학습과 행동(*제7판 수정판*). 센게이지 러닝코리아. (원저: Chance P. (2014) "*Learning and Behavior(7ed.)*". CENGAGE.)

신현정 역 (2008) 유머의 심리학: 통합적 접근. 박학사. (원저: Martin RA, & Ford T. (2006) "*The psychology of humor: An integrative approach*". Academic press.)

장해순, 이만제 (2014) 유머감각과 유머스타일이 대인 관계에 미치는 영향. *Speech & Communication*, *25*, 308-334.

Cann A, Norman MA, Welbourne JL, & Calhoun LG. (2008) Attachment styles, conflict styles and humour styles: Interrelationships and associations with relationship satisfaction. *European Journal of Personality: Published for the European Association of Personality Psychology*, *22*(2), 131-146.

Fisher H. (2005) "*Why we love: The nature and chemistry of romantic love*". Macmillan.

Förster J, Friedman RS, & Liberman N. (2004) Temporal construal effects on abstract and concrete thinking: consequences for insight and creative cognition. *Journal of personality and social psychology*, *87*(2), 177–189.

Hitsch GJ, Hortaçsu A, & Ariely D. (2010) Matching and sorting in online dating. *American Economic Review*, *100*(1), 130–163.

Liberman N, & Shapira O. (2009) Does Falling in love make us more creative?, *Scientific American*, available at: https://www.scientificamerican.com/article/does-falling-in-love-make/ accessed 27 January 2017).

Praszkier R. (2018) LEADERS'PORTFOLIO: PSYCHO-SOCIAL MECHANISMS AUGMENTING CREATIVITY. *Journal of Positive Management*, *9*(1), 18–40.

Rodenberg C. (2012, February 14) All you need is love: the neurochemical jolt and obsession. *Scientific American online*. Retrieved from https://blogs.scientificamerican.com/white-noise/all-you-need-is-love-the-neurochemical-jolt-and-obsession/

Snyder M. (1984) When belief creates reality. *Advances in experimental social psychology*, *18*, 247-305.

Trope Y, & Liberman N. (2003) Temporal construal. *Psychological review*, *110*(3), 403-421.

3장

신현정 역 (2016) *인지심리학(7판)*. 박학사. (원저: Sternberg RJ, & Sternberg K. (2016) "*Cognitive Psychology(7th ed)*". Cengage Learning.)

Fisher H. (2005) "*Why we love: The nature and chemistry of romantic love*". Macmillan.

Fisher H. (2009) "*Why Him? Why Her?: How to Find and Keep Lasting Love*". Henry Holt and Company.

Hausmann M. (2010) Hormonal effects on the plasticity of cognitive brain functions. *Wiley Interdisciplinary Reviews: Cognitive Science*, *1*(4), 607-612.

Hausmann M, Schoofs D, Rosenthal HE, & Jordan K. (2009) Interactive effects of sex hormones and gender stereotypes on cognitive sex differences—A psychobiosocial approach. *Psychoneuroendocrinology*, *34*(3), 389–401.

Hausmann M, Slabbekoorn D, Van Goozen SH, Cohen-Kettenis PT, & Güntürkün O. (2000) Sex hormones affect spatial abilities during the menstrual cycle. *Behavioral neuroscience*, *114*(6), 1245–1250.

Lewis K, Kaufman J, & Christakis N. (2008) The taste for privacy: An analysis of college student privacy settings in an online social network. *Journal of computer–mediated communication*, *14*(1), 79–100.

Schmidt W, & Weiss O. (2013) "*Warum Mäenner nicht nebeneinander pinkeln wollen*". Rowohlt Taschenbuch Verla.

Wiener JM, Büchner SJ, & Hölscher C. (2009) Taxonomy of human wayfinding tasks: A knowledge–based approach. *Spatial Cognition & Computation*, *9*(2), 152–165.

4장

Achtziger A, Gollwitzer PM, & Sheeran P. (2008) Implementation intentions and shielding goal striving from unwanted thoughts and feelings. *Personality and Social Psychology Bulletin*, *34*, 381–393.

Balcetis E, & Dunning D. (2006) See what you want to see: Motivational influences on visual perception. *Journal of Personality and Social Psychology*, *91*(4), 612-625.

Baumeister RF, Vohs KD, & Tice DM. (2007) The strength model of self-control. *Current directions in psychological science*, *16*(6), 351-355.

Bruner JS, & Goodman CC. (1947) Value and need as organizing factors in perception. *The journal of abnormal and social psychology*, *42*(1), 33-34.

Pronin E, Lin DY, & Ross L. (2002) The bias blind spot: Perceptions of bias in self versus others. *Personality and Social Psychology Bulletin*, *28*(3), 369-381.

Tangney JP, Baumeister RF, & Boone AL. (2004) High self-control predicts good adjustment, less pathology, better grades, and interpersonal success. *Journal of Personality*, *72*, 271-324.

심리학자가 사랑을 기억하는 법

초판 1쇄 펴낸날 2022년 4월 25일
　　4쇄 펴낸날 2024년 5월 30일

지은이 이고은
펴낸이 이은정
제작 제이오
디자인 피포엘
조판 김경진

펴낸곳 도서출판 아몬드
출판등록 2021년 2월 23일 제 2021-000045호
주소 (우 10416) 경기도 고양시 일산동구 강송로 156
전화 031-922-2103 팩스 031-5176-0311
전자우편 almondbook@naver.com
페이스북 /almondbook2021 인스타그램 @almondbook